*Des femmes*

Du même auteur

*Les Passions du Dimanche*, éd. de l'Entreprise moderne
*Carnets Mondains*, éd. de la Table Ronde
(grand prix de l'Académie de l'humour, 1962)
*Madame n'est pas servie*, éd. de la Pensée moderne
*Petit Précis de sociologie parisienne*, éd. Grasset
*Lettre ouverte aux marchands du Temple*, éd. Albin Michel
*Comment devenir animateur de radio sans se fatiguer*,
éd. de la Pensée moderne
*Un oursin dans le caviar*, éd. Stock
*La Cuisse de Jupiter*, roman, éd. Stock
*Impair et passe*, roman, éd. Stock
*Du vinaigre sur les huiles*, éd. Plon
*Et si je disais tout...*, éd. Stock
*L'huile sur le feu*, éd. Mengès
*En pièces détachées*, éd. Presse de la Cité
*Douze mois et moi*, éd. Stock
*Tous des hypocrites sauf vous et moi...*, éd. Albin Michel
*Un oursin chez les crabes*, éd. Stock
*Les Champions du loto*, éd. Presses de la Cité
*Les Grosses Têtes*, Atelier Marcel Jullian
*Maximes au minimum*, éd. Robert Laffont
*Le Théâtre de Bouvard*, éd. Jean-Claude Lattès
*Le Petit Bouvard illustré*, éd. Presses de la Cité
*Je ne l'ai pas dit dans les journaux*, éd. Presses de la Cité
*Pas de quoi être fier...*, éd. Robert Laffont
*Contribuables mes frères*, éd. Robert Laffont
*Cent voitures et sans regrets*, éd. Jean-Claude Lattès
*Les Pensées*, Cherche-Midi Éditeur
*Un homme libre*, roman, éd. Grasset
*La Grinchieuse*, roman, Albin Michel
*Journal de Bouvard*, Cherche-Midi Éditeur
*Pâle Ordure*, roman, Albin Michel
*Joueurs, mes frères*, éd.. Robert Laffont
*Journal de Bouvard 1997-2000*, Cherche-Midi Éditeur
*La Belle Vie après 70 ans*, Albin Michel
*Auto-psy d'un bon vivant, Journal 2000-2003*,
Cherche-Midi Éditeur

Philippe Bouvard

# *Des femmes*

Flammarion

ISBN 2-08-06-8172-9

# Avant-portraits

Sans doute les caractères de l'éternel féminin auraient-ils mérité un autre moraliste. Peut-être le lecteur estimera-t-il que l'auteur a davantage mis en relief les défauts que les qualités de nos compagnes. Mais si les femmes ont les défauts de leurs qualités, ces dernières sont si nombreuses qu'elles expliquent ce qui ne saurait constituer un parti pris. Et puis c'est le propre du pinceau, à vocation plus caustique qu'encaustique, que de noircir le trait et d'éclairer – parfois cruellement – les zones d'ombre de ces charmantes personnes dont La Bruyère disait : « Il faut juger des femmes depuis la chaussure jusqu'à la coiffure exclusivement, à peu près comme on mesure le poisson entre queue et tête. »

Les femmes parfaites n'ont pas d'histoires, donc pas de biographes. Elles ne relèvent d'aucune discipline et n'intéressent que leurs proches. Soyez assuré qu'il n'entre aucune misogynie dans ces portraits, que si l'auteur s'était penché sur le sexe prétendu fort, il en aurait fait le tour en dix archétypes guère plus différents que les tissus qui, classiquement, les habillent et que le peintre a aimé et aime encore passionnément ses modèles. Pas seulement pour les plaisirs et les émotions qu'ils dispensent. Mais pour la prodigieuse diversité d'innombrables créatures toutes uniques, pour leurs dissemblances d'avec les mâles, pour leur subtilité, quatrième dimension de l'intelligence dont les hommes – qui ne sortent pas grandis de cette galerie de portraits où ils jouent les utilités souvent inutiles – sont tragiquement dépourvus, pour leur faiblesse apparente et pour leur force réelle, pour apporter au monde un courage, une générosité, une passion, des capacités d'amour qui embellissent (et compliquent) l'existence. Ainsi que pour des mystères que ce livre ne suffira pas à complètement dissiper.

Certains tempéraments décrits sont loin d'être unisexes. Mais il y a des spécificités, par définition, féminines comme celles déterminées par des sautes d'humeur dont, voilà quatre siècles, La Bruyère – encore lui – se félicitait : « Le caprice est dans les femmes tout proche de la beauté, pour être son contrepoison, et afin qu'elle nuise moins aux hommes, qui n'en guériraient pas sans remède. »

Les femmes assument au sein de nos sociétés infiniment plus de rôles que les hommes. Et elles sont, de ce fait, les vraies vedettes de l'espèce. Ce que reconnaissait La Bruyère – toujours lui – lorsqu'il s'écriait : « Une belle femme qui a les qualités d'un honnête homme est ce qu'il y a au monde d'un commerce plus délicieux car l'on trouve en elle tout le mérite des deux sexes. »

Ph. B.

# Judith, la menteuse

Judith ment comme elle respire et sa capacité thoracique dépasse la normale qui, depuis sa naissance, l'aura poussée à travestir la réalité jusqu'à sa mort. Elle ment sans arrière-pensée, sans noir dessein, pour le plaisir, machinalement.

Toute petite déjà, elle pleurait alors qu'elle ne souffrait de nulle part. Par la suite – et souvent sans malice ni intérêt –, elle devait faire du mensonge sa forme préférée d'expression. Avec un certain nombre d'explications, parfois gratifiantes : refus de se laisser enfermer dans la grisaille du quotidien ; refus des contingences bourgeoises et de la morale judéo-chrétienne ; refus de ce qu'elle appelle le « prêt-à-dire » ; volonté de donner sa chance à l'imagination ; ambition d'une création littéraire tant il est vrai qu'un beau mensonge requiert plus de talent qu'une plate vérité. Sans oublier les pieux mensonges articulés parce que toute vérité n'est pas bonne à dire si l'on veut éviter de faire de la peine aux gens qu'on aime.

Ainsi Judith s'est-elle inventé peu à peu une enfance dorée qu'elle n'a pas connue, un arbre généalogique fabriqué de toutes pièces puis de pseudo belles relations dont elle glane les noms dans des magazines sacrifiant au « people ». Par la suite, elle s'est offert, devant une famille médusée et des amis crédules, un bel héritage, la timbale du loto et des amants connus voire célèbres dont elle justifie l'absence permanente par les menaces d'épouses jalouses.

Élève, lycéenne puis étudiante, Judith mentait sur ses résultats scolaires, sur ses camaraderies, sur ses flirts. À partir de vingt ans, elle s'enorgueillit d'études médicales qui la menèrent très logiquement à un doctorat qu'elle fit précéder d'un internat que, vêtue d'une blouse blanche mais privée de stéthoscope, elle effectuait en réalité comme trieuse dans une manufacture de casquettes. Parallèlement elle mentait sur son état sanitaire. Ainsi, à seule fin de se rendre intéressante, excipa-t-elle durant un semestre d'une tumeur maligne, heureusement inexistante. Différentes maladies moins graves et pas plus authentiques suivirent, qu'elle prétendait traiter par le mépris afin d'entendre louer son courage. Sa vie affective est logée à la même enseigne puisqu'elle nie jusqu'à l'évidence les liaisons qu'elle entretient, s'en attribuant d'autres qu'elle juge plus flatteuses quoi que irréalistes.

Et elle enjolive, assombrit, modifie toutes les composantes de la vie quotidienne. Les prix qu'elle cite doivent être rectifiés à la hausse ou à la baisse. Elle n'a jamais visité les régions ou les pays qu'elle décrit. Elle évoque des visites de musées, des lectures classiques, des concerts uniquement sortis de son imagination. Tente-t-on de la contredire, de rectifier un détail visiblement erroné ? Elle campe sur ses positions, ajoutant d'autres mensonges destinés à accréditer les premiers.

Le soir, pour endormir ses enfants, elle substitue aux habituels contes de fées le récit de ses fabuleux exploits sportifs, tantôt championne de natation, tantôt athlète de haut niveau, tantôt finaliste des Jeux olympiques. Les petits écoutent, pleins d'admirations, les performances d'une mère qu'ils n'ont vue qu'à vélo lorsque la famille prend ses vacances à la campagne. Naturellement sa fâcheuse tendance ne va pas sans dommages collatéraux : brouilles amicales, fâcheries familiales, divorces, procès et l'on en passe. Dangereuse personne au demeurant puisqu'on ne peut même pas être certain d'approcher sa vraie nature en prenant le contre-pied de ses affirmations.

À la fin d'un dîner organisé pour son cinquantième anniversaire, elle se pencha, un peu éméchée, vers son voisin de table, un cousin habituellement éloigné et murmura, davantage pour elle que pour lui :

— Toute ma vie, j'ai menti !

Or, pour la première fois, Judith venait de dire la vérité.

# Laura, la don juane

Laura aime son prochain comme le précédent. Son amour est incestueux puisque, comme celui d'une mère, chacun en a sa part et tous l'ont tout entier. Sa quête éperdue de galipettes s'explique par son tempérament de feu ou par sa frigidité. Peut-être par les deux. La simple vue d'un individu appartenant au sexe opposé et complémentaire la met en transes, indépendamment de l'âge et du physique. Tout lui est bon pour ajouter une pièce à un tableau de chasse au centre duquel on la verrait poser devant son lit ouvert : œillades assassines, épiderme largement dévoilé, doigt de porto, main baladeuse, vidéos érotiques, plats épicés et propositions dont la précision fait rougir de confusion ceux qui, s'ils les tenaient eux-mêmes, rougiraient de plaisir. Virile dans sa démarche, féminine dans ses objectifs, affectionnant davantage la conquête que le conquis, elle ne fait jamais l'amour avec un partenaire sans penser au suivant et personne ne saurait refuser ses avances sans être instantanément suspecté d'homosexualité ou d'impuissance. Elle s'interdit discrimination, ostracisme et penchant :

— J'appartiens au type de femme qui n'a pas de type d'homme.

Laura, qui a répudié très tôt, pour cause de vulgarité, son prénom de Ginette et divorcé au bout de trois mois du mari qui avait inauguré un lieu qu'il n'aurait jamais imaginé aussi couru ensuite, se souvient davantage des circonstances et des anatomies que des patronymes. Pour peu qu'elle se sente en confiance, elle avoue :

— J'ai la reconnaissance du bas-ventre.

Dans le répertoire où elle inscrit en belles lettres rondes le patronyme de ceux qui n'ont pas refusé ses faveurs, elle fait figurer des notes (de 0 à 10), des appréciations souvent cruelles ainsi que des indications codées concernant l'aptitude au déduit et en prenant soin de distinguer les bagatelles de la porte, la vigueur déployée, les raffinements utilisés. Malheur aux incapables d'aimer qui l'ont déçue ! Elle n'hésite pas à les propulser sur le palier, leurs vêtements sous le bras et sans avoir pris la peine de leur appeler un taxi ou à répondre gentiment aux innocents qui s'enquièrent en vain d'un prochain rendez-vous :

— Tu sais, chéri, le monde est si petit...

Consciente de « draguer comme un homme », elle excipe de la parité chaque fois qu'on souhaite élever le débat au-dessus de la ceinture. Ses « ex » forment un club dont elle assure avec brio la présidence en déléguant le secrétariat général à son amant en titre, auquel elle ne cache pas plus les assiduités de ses prédécesseurs que les coups de canif toujours donnés dans un contrat (dont elle ne reconnaît pas la validité) avec la complicité de ceux qu'elle appelle génériquement « le passage » et dont elle attend que, fidèles à une stratégie mineure du jeu des échecs, ils pratiquent sur elle « la prise en passant ».

Laura s'octroie déjà l'initiative de lutiner les mâles. L'an prochain, elle les sifflera dans la rue avant de les violer au fond des parkings. Pour l'heure, sa principale volupté réside moins dans l'acte de chair qu'elle accomplit à la hussarde, que dans le soin minutieux qu'elle prend, dès qu'il est terminé, de n'en faire disparaître aucune trace olfactive afin que ceux qu'elle embrasse, durant la journée, n'ignorent point « qu'elle vient de baiser », comme elle dit. Insatiable, elle conserve précieusement de sa torride liaison d'une nuit avec un ingénieur du son, arrivé fringant et reparti au bord de l'infarctus, ce safisfecit suprême :

— Il paraît que je suis montée en boucle !...

Ainsi est Laura, la quarantaine triomphante, aux références culturelles très localisées, au physique indifférent depuis qu'elle l'a sublimé en l'offrant à la ronde mais fière, à juste titre, de donner moins de plaisir aux hommes que de leur en prendre.

## JULIE, LA MÉMÈRE À CHIEN

Lorsqu'elle vivait en couple, Julie traitait ses hommes comme des chiens. Aujourd'hui, seule, elle parle à son chien comme à un homme. Doté d'un prénom masculin – Jules –, l'interlocuteur à quatre pattes a pris l'habitude de ces conversations auxquelles il répond à sa manière, c'est-à-dire beaucoup avec les yeux, un peu à l'aide de jappements que sa maîtresse traduit en vocables exprimant l'approbation, la colère, la surprise ou la complicité. À en croire Julie, Jules comprend cent vingt mots dont elle tient le lexique en soulignant ceux qui, faisant appel à une abstraction, requièrent une intelligence plus subtile. Pour sacrifier à la tradition autant que pour allonger ses interventions verbales, Julie redouble volontiers la première syllabe des mots compris par Jules, à l'exemple de cette papatte qu'assis cérémonieusement sur sa base l'animal doit tendre à tout représentant de l'espèce humaine qu'il ne juge pas digne d'un coup de langue. Julie tient grand compte des antipathies de Jules. Naguère, elle professait qu'il fallait se méfier d'un homme qui n'aimait pas les chiens. Aujourd'hui, elle n'admet plus dans son intimité un bipède auquel son « fils à poils », comme elle l'appelle, montre les crocs. Ainsi, Jules qui, juste retour de l'anthropomorphisme, se montre jaloux et exclusif, a-t-il fait le vide autour d'une maîtresse qu'il rejoint chaque nuit dans son lit.

Passant outre aux conseils du vétérinaire, farouche partisan d'une mono-alimentation canine à perpétuité, Julie s'ingénie à varier les menus de Jules, voire à lui imposer les siens qu'il n'honore que par peur de la famine. De même, elle offre à Jules des vêtements – chapeau de pluie, ciré assorti et bottes – dont il n'a que faire, conscient du ridicule qu'il lit dans le sourire des voisins. Chaque semaine, Julie conduit Jules au toilettage qu'il n'apprécie pas davantage mais qu'il supporte mieux sachant qu'il sera récompensé par l'octroi d'un chochocolat, sa friandise préférée.

Le soir, après une courte promenade durant laquelle il lui est interdit de frayer avec les représentants de son espèce, Jules se voit installé dans un fauteuil face à la télévision. Julie prétend à qui veut l'entendre qu'il raffole des films d'actions de la même façon que *Les Quatre Saisons* de Vivaldi l'inondent de bonheur. Celui de Julie serait complet si l'espérance de vie de Jules correspondait à la sienne. Las ! Jules vieillit sept fois plus rapidement qu'elle et, sauf caprice de la nature, c'est la mémère à chien qui enterrera le fils à poils. Tout est prévu pour cette macabre échéance : la concession au cimetière d'Asnières que s'en viendra coiffer, le triste jour venu, un cocker de marbre grandeur nature et cravaté d'un collier de bronze.

Ainsi vivent, en parfaite harmonie, heureux l'un par l'autre, à l'abri des dissensions qui ruinent les ménages à quatre jambes, Jules et Julie, la seconde affirmant sans rire que le premier, continuellement arrimé à son fauteuil par une laisse, lui est très attaché.

## Thérèse, la bien élevée

Dans un monde de goujats, elle ferait tache si elle n'était aussi transparente. Thérèse est la politesse, la courtoisie et la gentillesse faites femme. Aucune détresse ne passe à sa portée sans qu'elle feigne de s'y intéresser passionnément. Les plus maigres destins monopolisent son attention. Reçoit-elle un plombier pour une réparation limitée à cinq minutes ? Elle interroge ensuite pendant une demi-heure l'artisan sur son enfance, sur sa famille, sur ses aspirations. Si elle n'oubliait pas aussitôt les malheurs dont on lui a fait la confidence, elle saurait tout sur tous ses contemporains. Mais la disponibilité exige qu'elle chasse chaque soir de son esprit les infortunes de la journée afin de pouvoir héberger aussi provisoirement celles du lendemain. Et en articulant toutes les trois minutes d'un air chagriné ce leitmotiv qui sort plus du cœur que du gosier :

— Ah ! mon pauvre monsieur... Je partage votre peine.

Ce faisant, elle multiplie les conseils judicieux et les promesses d'intervention au sommet. La concierge a-t-elle perdu son chien ? Elle en parlera au ministre de l'Intérieur. Une opération chirurgicale est-elle nécessaire ? Elle calligraphie le nom d'un ponte de la spécialité qu'on peut appeler de sa part. Le souci de la vérité oblige à préciser que son bureau de bienfaisance prodigue davantage de bonnes paroles que de secours en espèces. Mais n'est-ce pas la chaleur humaine qui importe avant tout ? Au nom de la solidarité interclasse qui l'anime, Thérèse s'apitoie sur les pauvres, gémit avec les malades, pleure avec les endeuillés. D'instinct (car, en elle, la chaleur humaine grille la raison), elle déploie la séduction majeure des grands communicants qui font croire à leur interlocuteur d'un moment qu'ils sont des personnages essentiels et que leurs problèmes se situent au premier rang de leurs préoccupations.

Comportement plus singulier encore : on n'a jamais entendu Thérèse dire du mal de qui que ce soit. Du contemporain le plus minable, elle sait extraire la pépite de l'innocence. Reproche-t-on devant elle à une relation commune d'adopter le mutisme de la carpe dans les dîners en ville ? Elle assure que c'est quelqu'un qui réfléchit sur son époque, qui médite sur la société et dont l'humilité constitue une belle leçon comportementale pour les soi-disant beaux esprits qui pérorent, le dos à la cheminée. Même indulgence à l'égard des ratés de l'existence. S'ils n'ont pas réussi à escalader l'échelle sociale c'est parce qu'ils sont trop modestes ou qu'ils ne supportent pas l'idée de prendre sa place à quelqu'un. Un mariage se termine-t-il par un divorce ? Les époux, qui ont su prendre leurs responsabilités, méritent d'être heureux chacun de leur côté. Un caissier s'est-il montré malhonnête ? Elle condamne ses employeurs pour avoir fait transiter tant d'argent entre les mains d'un préposé aussi mal payé. Un enfant a-t-il de très mauvais résultats en classe ? Ce ne sont pas les champions de la communale qui se taillent plus tard la part du lion. Une jeune fille est-elle laide ? Elle s'arrangera avec la puberté ou après la ménopause. Un quidam multiplie-t-il les méchancetés ?

Il est moins méchant que malheureux. L'existence a dû le faire souffrir beaucoup avant qu'il ne malmène autant ses contemporains.

Thérèse, elle, ne parle jamais de ses angoisses qu'elle estime mineures. Son sacerdoce passe par l'oubli de sa propre personne pour mieux se consacrer à autrui. Le matin, elle envoie des lettres ou des cartes de visite destinées à réconforter ceux qui sont dans la peine. L'après-midi, elle en visite d'autres qui vivent reclus ou solitaires. Le soir, elle hante les réunions de victimes, les ventes de charité, les dîners où l'on bâfre pour lutter contre la faim dans le monde. Et son emploi du temps est si chargé qu'elle ne parle plus à son mari, égrotant depuis plusieurs années.

## Iris, la poétesse

Fille naturelle de Pégase et de Lucie Delarue-Mardrus, Iris considère avec un égal mépris l'avarice, la lâcheté et la prose « qui ne rime à rien ». Sa muse préférée est la haute société qui l'invite, afin de se donner bonne conscience culturelle, à des dîners à l'issue desquels, ivre de champagne rosé et d'elle-même, Iris déclame les sonnets de sa façon évoquant un coucher de soleil sur son Ukraine natale ou un alanguissement amoureux déjà lointain, insensible aux cliquetis des cuillères à café, aux toussotements gênés ou aux applaudissements émanant pour moitié de ceux qui ont apprécié la délicatesse du style et pour moitié des autres qui se réjouissent d'en avoir terminé. La maîtresse de maison donne généralement le ton en déclarant, péremptoire :

— Iris est notre plus grand poète vivant !

Ce que la félicitée ne prend que comme un demi-compliment compte tenu de l'obstinée concurrence du si grand nombre de poètes disparus. Encouragée, elle ne demanderait pas mieux que de bisser mais le maître de maison, qui l'apprécie modérément, s'est déjà levé. Iris continue à pérorer, le cou, qu'elle a gracile et très long, émergeant de l'écharpe arc-en-ciel façon Noé qui fut fatale à Isadora Duncan. Elle évoque pêle-mêle son enfance malheureuse, sa découverte enchantée de la

Grèce, ses plaquettes traduites dans toutes langues (personne n'ira vérifier) et le ruban des Arts et des Lettres qui, remis par le ministre en personne, est venu consacrer une belle carrière. Pas un mot en revanche de la rencontre avec son mari qui, debout à trois pas, couve amoureusement du regard son idole décharnée.

Iris se flatte – sans citer le nom d'aucun partenaire – d'avoir été une grande amoureuse. Quand elle se trouve en confiance, elle déclame « J'ai fait tant de folies de mon corps », un long poème érotique dont les vers irréguliers dessinent sur le papier la forme d'un phallus. Tandis que son mari baisse pudiquement les yeux, elle évoque ses amours torrides qui, à la ligne suivante, s'accompagnent de grâces languides. Les exodes familiaux successifs en ont fait une polyglotte qui se targue d'écrire en six langues. Elle parle de Nerval et d'Aragon – ses deux maîtres – comme si elle les avait connus, cite volontiers l'art poétique de Boileau, se gargarise avec les stances de Malherbe, intrigue avec Mallarmé et termine par trois strophes des Djinns du père Hugo après avoir susurré un zeste de Géraldy, cet écrivain mineur qui bénéficia en son temps de tirages majeurs.

Tous les mois, Iris disparaît au volant de sa Lancia blanche sur la portière de laquelle elle a fait dessiner un cheval ailé et ses initiales. Son mari explique qu'elle « signe ». C'est-à-dire qu'elle participe à ces fêtes votives de la littérature stipendiée au cours desquelles des auteurs, parfois estimables, ajoutent sur demande à d'authentiques chefs-d'œuvre imprimés des pages d'âneries manuscrites. Iris joue alors les reines de la fête. Elle orne ses dédicaces de petits croquis, tend sa main à baiser aux chalands vigoureux et recherche – à tout hasard – la compagnie des académiciens et des présidents de jury. Sur les étagères du bureau, qu'elle appelle « mon antre », elle dispose les coupes glanées çà et là, dérisoires lauriers dont la société moderne ceint encore quelques cervelles dévastées par des inspirations venues d'ailleurs, exprimées en phrases d'un autre temps.

Pur esprit, Iris se délecte néanmoins de fromages malodorants et de vin rouge. De la même façon qu'elle a su évoluer entre liaison et allitération en respectant toujours les règles de la prosodie selon lesquelles on doit alterner rimes féminines et rimes masculines, éternelles bandes-annonces de l'embarquement pour Cythère dont il n'est pas certain qu'elle ait jamais emprunté l'échelle de coupée.

## Chloé, la fausse étudiante

Elle n'aura jamais fini ses études puisqu'elle ne les a pas commencées. Écolière fugueuse, cancre notoire, puis estampillée bac moins six, Chloé a décidé de se faire passer durant toute sa vie pour une étudiante. À seize ans, elle racolait déjà des quinquagénaires désireux d'aider à survivre une future agrégée de philo en échange de menues privautés. Puis elle obliqua vers une maîtrise d'océanographie bientôt suivie par un DEUG de lettres modernes. Au début, elle éprouvait une angoisse panique lorsqu'elle caressait un corps professoral dont elle pouvait appréhender qu'à l'aide de quelques questions précises, il éventât sa supercherie. Mais elle trouva vite la parade sous la forme d'une phrase-clé :

— Mon chéri, parlons d'autre chose que de l'université. Ne sommes-nous pas là, toi et moi, pour nous changer les idées ?

Et le piège fonctionnait à chaque coup. Les clients souvent illettrés de Chloé, flattés de tenir entre leurs bras une fille aussi instruite, se donnaient de surcroît bonne conscience sociale à la pensée de financer la soutenance d'une thèse sur l'annexion du Comté de Nice qu'elle assurait continuer à rédiger alors qu'elle avait dépassé quarante ans. Un âge postscolaire qu'elle dissimulait de son mieux en s'habillant dans des échoppes branchées, sachant combien la panoplie de petite fille ajoutait à ses charmes. C'est à cette époque qu'elle remplaça le tabac par le chocolat et la cigarette par l'un de ces sucres d'orge que les religieuses du XVIe siècle avaient conçus et fabriqués pour soigner la laryngite chronique des grands prédicateurs. Très attachée à la prostitution champêtre, elle se rendait chaque jour au bois de Boulogne en roller. Arrivée à destination, elle extirpait de son sac à dos le cahier de textes sur lequel elle feignait d'écrire, en tirant la langue comme elle l'avait vu faire dans des films porno allemands des années 50.

Vers la soixantaine, après avoir essuyé rebuffades et sarcasmes, Chloé, renonçant au nœud rose dans les cheveux, passa sans transition du statut d'étudiante prolongée à celui – physiquement plus vraisemblable – de professeur en retraite. Ce faisant, elle découragea les pédophiles myopes mais s'attira de nouvelles pratiques en quête de maîtresse sévère et de fessées érotiques. Entre deux rendez-vous, de plus en plus espacés, elle se mit à lire des livres d'histoire, à potasser des dictionnaires, à feuilleter des anthologies qui lui donnèrent enfin, en même temps que le vernis dont elle se prévalait abusivement depuis si longtemps, une authentique assurance. Non seulement, elle ne fuyait plus les discussions techniques avec des « collègues » mais elle les provoquait d'autant plus voluptueusement qu'elle savait pouvoir recourir aux caresses dès lors que sa science risquait d'être prise en défaut. Un vieux recteur, séduit par tant de dons, détacha de sa boutonnière l'insigne des palmes académiques et, nonobstant la bannière qui battait ses mollets de coq, la décora solennellement dans le cadre inattendu d'une chambre de passe.

À la fin de son existence, Chloé, en proie à un véritable mysticisme culturel s'inscrivit à l'université du troisième âge de Vincennes sur les bancs de laquelle elle fit ses dernières conquêtes, contant par le menu son roman de pauvre fille battue, violée et contrainte de vendre son corps pour satisfaire son amour des belles lettres. Quand elle mourut, une petite nièce de province, promue légataire universelle et exécutrice testamentaire, fit graver en lettres d'or sur une plaque de marbre l'épitaphe dont sa chère tante avait pesé chaque mot et qui mêlait agréablement l'ambition déçue et l'altruisme comblé : *Ci-gît Chloé, professeur des universités et réconfort des universitaires.*

# Régina, la diva

Malgré le coffre auquel elle doit sa fortune, en dépit de ses épaules de lutteuse et de ses biceps de déménageuse de piano, Régina est fragile. Le moindre courant d'air ballote comme une feuille morte son quintal de talent et d'ego. Les organisateurs de spectacles et son cher public savent qu'une fois sur deux elle sera à l'affiche mais pas sur la scène. Ils s'en accommodent comme d'un inévitable accident du rituel lyrique.

À la scène, Régina est une déesse qui chante les louanges du Seigneur, les beautés de la nature, les ravissements de l'amour pur. À la vie, Régina est une ogresse qui s'empiffre de pâtisseries et se goinfre d'hommes. Elle reconnaît que ses besoins sexuels sont à l'unisson de ses ambitions de domination : « J'écrase tout ce qui bouge ». Elle vit comme un prince arabe, entourée de courtisans et de gardes du corps, d'imprésarios et d'attachés de presse, justifiant par sa corpulence exceptionnelle l'achat de vastes limousines et la location de suites de palaces qui mettent au moins quatre pièces à sa disposition. Rien n'est trop beau pour elle, surtout quand ce sont des organisateurs de spectacles qui règlent la facture, terrorisés par des caprices aussi inutiles que dispendieux.

Son fastueux snobisme se manifeste aussi bien dans le choix des vêtements que ses couturiers favoris lui offrent, nonobstant l'important métrage nécessaire, dans les sélections de ses lectures dont elle précise volontiers qu'elles s'exercent dans les six langues qu'elle pratique couramment et, surtout, dans les morceaux baroques, oubliés ou inconnus, qu'elle inscrit par bravade au programme de ses concerts.

Petite fille (c'est-à-dire n'ayant pas encore dépassé soixante kilos), elle adorait la Callas. Adulte, elle tutoie Pavarotti, converse chaque jour par téléphone avec Montserrat et s'enorgueillit d'avoir été décorée par plusieurs chefs d'État qui ont dû se mettre sur la pointe des pieds pour atteindre son opulent corsage. Les noms d'Arturo (Toscanini) et d'Herbert (von Karajan), qu'elle n'a pas connus, émaillent sa conversation et tiennent à l'écart le *vulgum pecus*. Seules, les fausses notes échappées de son gosier, parfois récalcitrant, humanisent ce monument de chair et ce monstre d'orgueil. Elle se défend de jeter un regard sur le monde en général, sur les chanteuses de variétés en particulier et même sur les groupies les plus fidèles qui ne ratent jamais ses apparitions et qui consacrent la moitié de leur salaire afin qu'avant le baisser final de rideau, elle reçoive une gerbe de fleurs à sa mesure.

Mariée à trois reprises avec des hommes incapables de sortir de leur ombre pour profiter de sa lumière car ils ne faisaient pas plus le poids artistiquement et socialement que physiquement, elle vit désormais avec deux bichons maltais et un androgyne moldo-volaque, secrétaire à tout faire et homme de confiance en permanence soupçonné des pires vilenies qu'elle présente comme « le berger qui garde mon book ».

Régina se suffit maintenant à elle-même grâce aux souvenirs qui la remplissent et à sa conception d'une mythologie contemporaine où les divas se classent avant les saintes et les actrices. Au demeurant plutôt satisfaite de son existence, contente de ne pas avoir eu d'enfants mais seulement des admirateurs, première thuriféraire d'un génie à nul autre pareil et qui ne s'éteindra qu'avec elle le jour où, prévoit-elle en riant, une grue la déposera dans le caveau dont elle a fait emplette à Milan pour être proche de Verdi durant l'éternité.

## Claudine, la harcelée sexuelle

Elle est quelconque. Et son drame vient de ce que les hommes ne s'en sont pas avisés puisqu'à l'entendre, ils ne cessent de lui faire des propositions malhonnêtes. Car les goujats qui la sifflent dans la rue ou qui la pelotent dans le métro n'ont jamais proposé de lui passer la bague au doigt.

Moralement collet monté et physiquement peu offerte, elle doit attirer les mâles par ses airs réservés voire effarouchés dès qu'un mot cru se profère ou qu'une main s'égare. Elle a dû quitter trois entreprises pour échapper aux assauts du patron ou des chefs de service. Emprunte-t-elle un ascenseur où il y a déjà un passager ? L'homme est exhibitionniste. Dès qu'elle sort de chez elle, les rues se peuplent de pervers et de satyres qui semblent s'être donné le mot pour la violer. Sans doute trouve-t-elle une source de contentement dans ce qu'elle nomme pudiquement les « manques de respect ». Car elle en fait volontiers confidence. Les gens la plaignent tandis qu'elle parle et se moquent d'elle dès qu'elle a tourné le dos. Les policiers de son commissariat, qui la voient accourir périodiquement afin de déposer plainte, l'ont surnommée « main courante ». Elle croit à leur compassion comme elle est persuadée que le facteur et le releveur de gaz sonnent chez elle de bon matin avec la seule arrière-pensée de la culbuter dans les draps encore chauds.

Quand on l'a opérée de l'appendicite, un infirmier a tenté d'abuser d'elle dès le lendemain de l'intervention. Un CRS, qui l'avait sauvée des griffes des loubards décidés à lui faire subir les derniers outrages, a pris leur relève dès qu'ils se sont enfuis. Elle avait espéré trouver calme et sécurité en faisant le ménage chez un centenaire. Mais le vieillard se masturbait subrepticement en la regardant passer l'aspirateur. Et c'est ainsi jour et nuit, à la ville et à la campagne, durant les heures de travail ou pendant les jours de congés. Comme si plus de la moitié de l'humanité (car elle accuse certaines femmes de la considérer bizarrement) ne songeait qu'à coucher avec elle.

Cette manie de la persécution sexuelle a ruiné sa vie privée. De braves garçons qui rêvaient d'un amour sincère ont pris la fuite après avoir été traités d'obsédés. Ses familiers ne sont pas les seuls à l'agresser. Claudine se sent également harcelée par les films X, par les publicités dénudées, par les couples qui s'embrassent sur les bancs publics, par tous les bouquins au fil desquels l'auteur appelle un chat un chat. Elle change de trottoir pour éviter les sex-shops, les vitrines de pharmacie depuis qu'on y expose préservatifs et aphrodisiaques ainsi que les façades d'établissements qu'elle accuse de s'être spécialisés dans la luxure comme les boîtes de nuit ou les agences de rencontres.

Madame Olga, la vieille et repoussante concierge de son immeuble qu'elle a choisie pour confidente de ses tourments, n'arrange rien qui se sent, elle aussi, victime des mêmes convoitises et qui découpe chaque matin dans la presse les articulets relatant des attentats aux mœurs qu'elle colle ensuite sur son album des turpitudes. Quand

Claudine connaît un répit, Olga lui raconte comment elle a été violée à dix ans par un ami de famille puis par un voisin qu'elle avait appelé au secours. Les menaces et les cruautés du désir sont devenues le leitmotiv de ces personnes qui le suscitent si peu. Le psy du quartier, alerté par les féministes, est revenu apeuré de chez Claudine en affirmant qu'elle le regardait d'un drôle d'air.

## GRÂCE, L'ESSAYEUSE DE RÉGIMES

Le jour de sa naissance, elle avait déjà quelques centaines de grammes en trop. Le passage du biberon à la nourriture solide n'a rien arrangé. Obsédée du poids, Grâce monte chaque matin sur sa balance comme les condamnés gravissaient naguère les marches de l'échafaud. Persuadée de prendre le maximum, elle change plus souvent de régime qu'une République bananière. Le dernier qui a parlé est le conseiller le plus écouté. Tantôt c'est une copine qui, ayant perdu quelques kilos en ne mangeant que des harengs marinés, devient sa diététicienne. Tantôt elle écoute une journaliste spécialisée dans les procédures d'amaigrissement. Tantôt c'est un authentique praticien qui lui compose des menus dont le moins qu'on puisse dire est qu'ils ne font pas venir l'eau à la bouche. Forte d'une ordonnance médicale, Grâce ingurgite alors de nauséabondes bouillies grâce auxquelles la sustentation cesse déjà de constituer un plaisir.

En une année, elle est passée de la famine à la suralimentation, de l'interdiction des hydrates de carbone aux plats surgelés à basses calories, de Weight Watchers aux soupes de Montignac, du régime hyperprotéiné au régime dissocié, de la viande à tous les repas à pas de viande du tout. Comme ses vêtements, elle craque de temps en temps. Devant une assiette de foie gras dont elle rêve la nuit ou en faveur d'une crème qu'elle a brûlée après l'avoir adorée. Puis elle sort de table, mi-effondrée à la pensée d'avoir, en une seule heure de relâchement, détruit les efforts de plusieurs mois, mi-réjouie par la sensation d'avoir renoué avec l'un des plus grands plaisirs de l'existence.

Un lustre de surcharge pondérale mal maîtrisée a enseigné à Grâce sinon la méthode infaillible pour retrouver des mensurations de sylphide du moins la certitude que la nature qui n'a pas horreur du bide revient toujours au galop. Dix fois elle a maigri, dix fois elle a amplement rattrapé les kilos perdus. Sauf à se vêtir de combinaisons élastiques, ses problèmes de garde-robe sont également insolubles qui lui font prendre ou abandonner deux tailles en l'espace d'un trimestre.

Certes, Grâce préférerait être mince. Mais pas trop. Sa pléthore, qui lui donne l'impression d'exister davantage et qui lui confère pignon sur rue, n'altère pas – au contraire – sa vie sentimentale. Elle sait par expérience que les bonnes grosses sont plus recherchées que les mannequins anorexiques. Elle n'ignore pas, pour avoir lu Jules Renard, que ses amours seront toujours moins tumultueuses, moins risquées, que si elle était filiforme : « Les grosses on les pelote, disait l'humoriste, les maigres on les tue. » Et il expliquait : « La passion s'accroche aux angles. »

Persuadée qu'abondance ne nuit pas, Grâce s'est finalement installée dans son personnage d'odalisque replète et de danseuse orientale dont les bouées abdominales séduisent certains naufragés de l'existence. Puisque l'amour est, par définition, charnel, il ne faut pas lésiner sur la chair qu'on met à la disposition des partenaires. Et puis la chair soutient la chair. On ne s'allège pas de vingt ou quarante livres sans que les traits se creusent et que le corps tombe en ruine. Restent les dysfonctionnements hormonaux et les caprices du métabolisme qui sont réels et parfois inquiétants. Afin de faire taire ses angoisses, elle aime à se répéter la formule de Francis Blanche, disparu prématurément à la suite d'un régime ayant frappé le cœur qu'il prétendait soulager :

— Mourez maigre, mourez gros, la différence est pour les porteurs...

## Shirley, la chieuse

À ceux qui osent lui reprocher d'avoir gâché la vie des hommes qui ont eu l'imprudence de partager la sienne, elle explique avec un bon sourire que son offre de méchanceté ne correspond pas à son caractère profond et se justifie surtout par le nombre important de la demande. Sans doute a-t-elle raison puis que, en dépit d'une réputation de plus en plus établie de chieuse, les amis, les fiancés et les maris se sont toujours pressés à la porte de sa chambre. À l'entendre, Shirley ambitionne moins de faire souffrir ses contemporains qu'elle ne souffre elle-même de vivre au sein d'une société d'incapables, d'impuissants et de débiles à une époque où les vraies valeurs (qu'elle serait bien en peine de citer) sont en train de disparaître. Sa vie de couple est un désastre car il arrive toujours un moment où le maso de service prend la tangente, lassé de s'entendre traiter publiquement de minable et de voir qu'elle refuse ses cadeaux les plus somptueux sous le prétexte générique et fallacieux qu'il ne comprendra jamais les femmes. Rien ni personne ne trouve grâce aux yeux de Shirley : elle n'est chieuse que parce qu'elle se croit justicière alors qu'elle n'est que de mauvaise foi. Chieuse, elle l'est avec les domestiques les plus dévoués auxquels elle reproche de voler leur salaire et ses économies, trouvant toujours un endroit de sa maison dont son doigt émergera gluant de poussière et demandant à des gens qui finissent leur service à dix heures du soir pourquoi ils ne répondent plus lorsqu'elle les sonne vers minuit.

Chieuse, elle l'est avec les commerçants qui « font monter vertigineusement les prix sans apporter aucune valeur ajoutée » et dont les culbutes compromettent son équilibre personnel.

Chieuse, elle l'est au restaurant en renvoyant systématiquement tous les plats vers la cuisine avec l'espoir de faire renvoyer le cuisinier, avant de s'en prendre au sommelier qui paraît ignorer les petits vins de pays et d'accuser les serveurs de mettre leurs doigts dans la sauce à laquelle elle trouve un goût de sueur prolétaire.

Chieuse, elle l'est avec ses rares amis tant qu'ils n'ont pas rejoint ses derniers amants à la porte de l'appartement qui tient lieu de sortie de secours.

Chieuse, elle l'est avec ses enfants qu'elle abrutit de reproches injustes – par exemple d'être les fils et filles de pères qu'elle exècre – et de recommandations aussi inutiles que celles de sortir avec des lainages au mois d'août avant qu'ils ne pensent à couvrir sa voix à l'aide des « tubes » à la mode puis, plus tard, à fuir, eux aussi.

Chieuse, elle l'est avec les animaux de compagnie – les siens et ceux des autres – auxquels elle ne pardonne pas de marcher sur quatre pattes, d'ignorer l'usage de la parole et des commodités ainsi que de ne plus répondre à ses injonctions lorsqu'ils s'immergent dans leur gamelle aux heures des repas.

Chieuse, elle l'est avec son marchand de chaussures qu'elle contraint à mettre sa boutique sens dessus dessous en se dispensant *in fine* de toute emplette.

Chieuse elle l'est avec sa petite couturière qu'elle

humilie en l'accusant de ne pas sacrifier au chic des grands couturiers.

Chieuse, elle l'est avec les chauffeurs de taxi, toujours suspectés d'emprunter l'itinéraire le plus long, d'utiliser des guimbardes à bout de souffle et de trafiquer leur compteur.

Chieuse, elle l'est avec sa vieille concierge qu'elle accuse de lire son courrier avant elle et de s'approprier les chèques qu'on lui envoie. Chieuse, elle l'est enfin avec elle-même s'étant peu à peu prise en grippe à force de voir son image se refléter dans les yeux de ceux qui la détestent...

## Clarisse, la Je-n'ai-plus-rien-à-me-mettre

Elle ne change jamais d'homme sans changer de garde-robe. Comme si une nouvelle vie devait s'accompagner de nouveaux vêtements. Ainsi, les gens auxquels elle refuse toute confidence intime sont-ils parfaitement au courant de ses virages affectifs dès lors qu'ils l'ont entendue clamer :

— Je n'ai plus rien à me mettre !

À croire que le précédent locataire de son cœur parti, elle a précipité par la fenêtre tous les effets entassés dans ses armoires depuis la fin de la précédente liaison. Bien malin le psy qui pourrait définir ce qu'il entre de fétichisme amoureux et de versatilité textile dans ce dénuement annoncé. Certes, Clarisse considérerait comme une grave faute de goût, voire comme une première infidélité, de sortir au bras d'un amant avec la robe qu'elle portait en la compagnie d'un autre. Et d'expliquer mi-figue mi-raisin à sa meilleure amie :

— Ce sont déjà les mêmes organes qui servent, la même peau qu'on caresse...

Va donc pour des tissus vierges et des formes inédites. Même si Clarisse en profite pour suivre une mode par laquelle elle redoute toujours d'être dépassée. Vue sous cet angle, elle donnerait à penser que ses ruptures ont pour principal mobile l'envie de se racheter des fripes. Et si elle se limitait aux tenues ! Mais non. Comment abriter un nouvel amour dans le lit qui a hébergé l'ancien ? Clarisse fait donc emplette d'un autre lit. Qui jure avec le reste du mobilier. Lequel prend bientôt la direction de la salle des ventes et des brocantes où s'échouent tous les témoins de ses passions révolues. Suivent les rideaux, les fauteuils du salon, de jolies lithos auxquelles elle reproche, comme aux gadgets de la cuisine, d'avoir été choisies et offertes par l'ancien compagnon de ses petits déjeuners. C'est dire si, sur le thème de « l'amour qui rénove », Clarisse peut se montrer diserte. Et enthousiaste. Car l'expérience et le miroir lui montrent qu'elle sort rajeunie, régénérée, purifiée de chacun de ces « coups de balai » à l'aide desquels elle pousse vers la poubelle aux souvenirs toutes les traces de ses engouements envolés. Son grand ménage passe par la destruction des photos de vacances, des disques écoutés en commun, des livres lus la main dans la main. Enfin, par l'éloignement d'amis à qui elle reproche – mais le grief est sans pardon possible – d'avoir été les témoins d'un bonheur qui a cessé d'être d'actualité. D'innocents commerçants sont également victimes de cet injuste ostracisme. Comment pourrait-elle fréquenter les mêmes restaurants et commander les mêmes plats alors que son existence a pris une autre direction ? Non seulement ce serait une insulte faite au chevalier servant en titre mais elle risquerait le regard réprobateur des serveurs qui, comme tous les mâles, souhaitent imposer à un maximum de femmes la fidélité qu'ils refusent de respecter.

Pourquoi condamnerait-on Clarisse ? Elle fait marcher les usines, les boutiques et les hommes.

## Claire, l'indécisionnaire

Si elle avait sollicité le permis de conduire, Claire serait depuis longtemps rayée du monde des vivants, incapable qu'elle est d'affronter l'imprévu, de résoudre un problème, de choisir un parti. Ou un plat. Car c'est au restaurant que son indécision chronique culmine. Tous les autres convives ont déjà commandé le dessert qu'elle hésite encore sur le hors-d'œuvre, indifférente à l'exaspération du maître d'hôtel qui sautille d'un pied sur l'autre tandis qu'elle s'enquiert – pour la troisième fois – des vertus comparées (et incomparables) des gambas flambées au whisky et de la salade de tomates avant d'opter pour une terrine non sans informer le préposé, qui lève les yeux au ciel, de l'entorse ainsi faite à son régime. Quand, enfin, elle semble décidée pour la daurade royale, elle change d'avis, chipote sur la sauce, s'inquiète de la fraîcheur du poisson et revient au canard aux olives et au miel qu'elle préférerait sans olives et sans miel et qui satisferait davantage son goût si on remplaçait le canard par une entrecôte car elle n'aime pas tellement le canard. Pour le dessert, dont elle ignore si, après les rognons qui viennent de remplacer l'entrecôte, elle aura encore envie, elle réserve son avis nonobstant la demi-heure de préparation exigée par le chef et les angoisses de plus en plus perceptibles de ses voisins de table dont le moins observateur s'avise que, submergé par tant d'ordres et de contre-ordres, le maître d'hôtel n'a toujours pas eu le loisir de transmettre les autres commandes à la cuisine.

Dans les boutiques, elle est capable d'essayer vingt paires de chaussures puis de prendre congé de la vendeuse harassée en lui avouant qu'elle est plutôt tentée par une robe. Devant la caisse des cinémas multiplex, elle hésite entre les dix films proposés avant de préciser au préposé qu'elle préfère le théâtre. Les vacances l'embarrassent tout autant qui, en l'absence de résidence secondaire, offrent de multiples tentations illustrées en couleurs par les catalogues touristiques. À plusieurs reprises, Claire s'est vue dans l'obligation de passer l'été à Paris faute de transports et d'hébergements disponibles au moment de la résolution, c'est-à-dire à la veille du jour de départ.

Sur le plan sentimental, ses atermoiements sont plus gênants : bien des partenaires agréables ont fini par tourner les talons, persuadés qu'ils n'avaient aucune chance alors qu'elle en était amoureuse. Ainsi, Claire ne s'est-elle jamais mariée en dépit de flatteuses propositions. Tantôt elle ne parvenait pas à arrêter une date de fiançailles, tantôt elle trébuchait sur la rédaction du faire-part, tantôt elle dérobait devant le nom des célébrants laïc et religieux, finissant par assimiler ses incertitudes à un signe du destin qui semblait lui interdire d'aller plus loin.

Actuellement et bien que très âgée, sa bonne santé la confronte – une fois de plus – à ses vieux démons d'incertitude puisqu'elle continue à ignorer de quoi il lui faudra mourir.

## Tina, l'actrice

Elle est toujours en représentation. Même au petit jour lorsqu'elle quitte subrepticement le lit pendant que son compagnon dort encore, afin de peaufiner le premier maquillage de la journée et de ne pas se laisser regarder, fût-ce par un seul contemporain, dans le simple appareil d'une beauté arrachée au sommeil. Tina, charmant pivot d'une famille, d'une société de production et d'un club de groupies souhaite que l'on considère son nombril comme le centre du monde. Les pantalons à taille basse et les photographes l'y aident qui ont fait tomber une bonne partie de son épiderme dans le domaine public. Quand Tina ne fait pas du théâtre, elle tourne des films. Lorsqu'elle ne sacrifie à aucune de ces deux activités, elle communique par le truchement d'une camarilla spécialisée qui met dans sa bouche les mots susceptibles d'accréditer, hors scénario, sa sensibilité, son intelligence, voire son don de repartie. En fait, Tina se contente de changer de dialoguiste. D'où l'emphase dramatique apportée à déclarer après une catastrophe naturelle dont, en réalité, elle se bat l'œil figé par le Rimmel :

— Je pleure avec ceux qui ont du chagrin. (La seule fois où, sous le coup d'une émotion qui n'avait rien à voir avec la conjoncture générale – elle avait perdu son basset – elle inversa la phrase et dit : « J'ai du chagrin avec ceux qui pleurent », personne ne s'aperçut de rien.)

Aucun sujet de société ne laissant indifférents ses mentors, Tina s'est exprimée successivement sur l'avortement, sur le PACS, sur l'adoption, sur la double peine, sur l'insécurité, sur les transports en commun qu'elle n'utilise jamais, sur les OGM qu'elle confond avec les ONG, sur les épidémies, sur la famine, sur les dettes du tiers-monde. Toutes nobles causes en faveur desquelles elle donne de sa personne mais jamais de sa cassette. Elle n'accepte de participer à une campagne ou à un spot que s'il s'agit de produits naturels et ayant dûment craché au bassinet de la société de promotion dont son frère a la clef. Pour construire sa légende – tâche de tous les instants et qui ne prendra fin qu'avec son existence –, Tina se réfère volontiers à des noms encore plus connus que le sien. Ainsi, prétend-elle avoir été l'élève des plus fameux et l'amie des plus grands. Avec une prédilection pour les célébrités disparues qui ne risquent pas de démentir la bienveillance et les faiblesses qu'elle leur prête. Elle a longtemps laissé dire qu'elle avait accordé ses faveurs à un homme politique de premier plan dont les primautés s'étaient limitées en réalité à un baisemain. Son credo médiatique se divise en trois volets : ce qu'elle dit, ce qu'on dit et ce qu'elle fait. L'adresse suprême en la matière consiste à faire coïncider les trois volets.

Justement fière d'une beauté qu'elle cache sous des lunettes noires, des chapeaux cloches et des foulards depuis qu'elle est connue, liftée par un professeur, décorée par un ministre, encensée par la critique, enrichie par son art, Tina n'aurait plus rien à désirer si elle n'était pas aussi affamée de louanges. Sans doute son insatisfaction chronique tient-elle au fait que quoi qu'on lui dise d'aimable sur son travail et sa personne, on se trouve toujours au-dessous de ce qu'elle en pense elle-même. Jamais lassée de compliments, elle avance dans la vie, de plus en plus hiératique, la tête ceinte de lauriers, bénissant ceux qui l'adorent, méprisant les autres, cultivée, astucieuse mais incapable de suivre une conversation qui ne la concerne pas. Au demeurant, pas complètement dupe du culte qu'elle exige de ses fidèles. À un thuriféraire qui, depuis vingt-cinq ans, lui répète qu'elle est toujours la plus belle en ce miroir et la plus talentueuse dans l'univers du spectacle, elle s'est surprise à dire l'autre jour dans un joli mouvement d'altruisme :

— Et maintenant, parlons un peu de toi.

Et comme l'autre allait profiter de cette offre exceptionnelle pour lui conter les péripéties d'une vie qu'il avait toujours gardée pour lui, elle enchaîna très vite avec cette grâce inimitable et ce naturel confondant que sont obligés de lui reconnaître les autres égocentriques qu'elle agace :

— Quand viens-tu voir ma pièce ?

Personne ne s'étonne que ses maris et ses compagnons ne se soient jamais fait un nom dans le sillage du sien. Choisis dans les sphères techniques de sa profession, ils sont aussi soumis dans la chambre qu'au studio. Contrairement à un acteur qui partagea un temps sa vie en nourrissant l'ambition déraisonnable de faire une carrière à la fois divergente et parallèle, ils ont compris que, non contents d'éclairer la star, ils doivent rester dans son ombre.

## Sarah, la mère juive

Sarah a donné le jour à Moïse, son fils unique, voilà trente ans mais elle continue à le couver comme l'œuf d'où va sortir le poussin. Surtout depuis que Samuel, le père, a disparu. Moïse supporte de plus en plus mal d'être traité comme le gamin qu'il n'est plus depuis si longtemps. Il reproche à Sarah de se mêler de ce qui ne la regarde plus. Et, en premier lieu, de sa vie affective. Car Sarah consomme davantage de brus que Moïse de femmes. Aucune belle-fille potentielle ne trouve grâce à ses yeux. Elle les condamne tantôt pour être goy, tantôt pour ne plus pratiquer le culte, tantôt pour ne pas s'occuper suffisamment de Moïse, tantôt pour faire du zèle en essayant de la supplanter dans le cœur de son enfant. Moïse croyait avoir trouvé la perle rare – une authentique fille de rabbin, belle, douce, pas dépensière, avec les hanches larges de celles que la nature semble désigner pour la maternité – et puis les rapports se sont envenimés sous prétexte que la fiancée refusait d'apprendre la recette de la carpe à la juive.

Sarah se préoccupe d'autant plus activement d'éloigner de son petit les vilaines femmes, qui n'en veulent qu'à l'argent qu'il gagnera plus tard, qu'elle sait par expérience qu'entre deux liaisons, elle retrouvera la plénitude de son autorité maternelle. Avec les questions rituelles proférées au téléphone ou susurrées de vive voix :

— Moïse, es-tu assez couvert ?

— Moïse, est-ce que tu n'es pas rentré trop tard hier soir ?

À l'aide de ces préoccupations, on peut brosser le portrait-robot du fils idéal selon Sarah : un garçon qui se couche de bonne heure et qui, sans quitter son écharpe (tricotée à la main), s'attable – de préférence seul – devant un menu casher. Pour Sarah, la valeur la plus sacrée de l'existence demeure la famille qu'elle vitupère Moïse de ne pas respecter suffisamment depuis qu'il a rompu avec la visite hebdomadaire à la douzaine d'oncles et de tantes composant sa proche parentèle et qu'il ne voit, de temps à autre, que les cousins et cousines vers lesquels le poussent plus les affinités électives que les liens du sang. Moïse enrage de devoir coiffer la kippa – dans l'ascenseur qui le mène jusqu'au cinquième maternel – pour aller déjeuner chez Sarah. Et de s'entendre rappeler les préceptes religieux qu'il a délibérément oubliés. Pour calmer Sarah, il laisse tomber non sans négligence :

— Oui, mère, ne t'inquiète pas, j'ai fait le sabbat !

Une expression à laquelle il donne un sens laïc et sacrilège. À ses vieilles amies, Sarah confie quotidiennement les soucis que lui donne son petit : il ne l'a pas rendue grand-mère ; il a changé trois fois d'emploi et deux fois de métier depuis l'obtention de son brevet élémentaire ; on ne le voit jamais au temple ; il préfère la lecture de *L'Équipe* à celle du Talmud. Elle se demande parfois s'il n'est pas en train de virer au « juif honteux ». Certes, il est toujours attentionné, encore respectueux mais il s'évertue à prendre ses distances avec cette enfance dont, s'il écoutait sa mère, il ne sortirait jamais. L'autre jour, alors qu'il émergeait d'une sévère crise d'éternuements, elle a prétendu le moucher en public.

Pour se venger et montrer qu'il n'est pas dupe, Moïse raconte que sa mère lui avait offert deux cravates pour son anniversaire, et que s'étant présenté le lendemain devant elle en arborant l'un des deux lambeaux de soie, Sarah aurait affiché son air le plus navré pour lui demander :

— Alors, tu n'aimes pas l'autre ?

## Sybille, la journaliste baroudeuse

Sybille traîne à travers le monde sa bosse de l'info et des rondeurs naturelles qui, à ses débuts, lui ont parfois facilité l'accès des grands de ce monde. Cette talentueuse intrigante intrigue. Entrée vers seize heures dans le bureau d'un homme d'État ou d'un décideur important, elle en ressort généralement quatre-vingt-dix minutes plus tard avec des aveux jamais consentis jusque-là, des confidences intimes, une invitation à dîner pour le lendemain et une familiarité qui laisse à penser qu'elle vient d'être reçue par une vieille connaissance.

Elle s'est ainsi fabriqué une légende qu'elle enjolive un peu chaque mois : elle a dîné avec le Pape dans ses appartements privés ; Clinton l'a tutoyée et Eltsine a essayé de la saouler à la vodka. À l'appui de ses affirmations, elle exhibe volontiers des photos souvenirs prises dans les bureaux des grossiums et toute une bimbeloterie constituée, affirme-t-elle, par les porte-bonheur et grigris offerts au terme d'interviews bien menées.

Journaliste, elle l'est cependant pleinement, intensément et jusqu'au bout de ses longs doigts manucurés. S'affirmant détachée de toute curiosité privée, elle ne pose jamais sur le monde et sur les hommes qu'un regard professionnel. Sans haine mais sans indulgence, elle recense les réputations surfaites, les fausses intelligences, les dents gâtées, les haleines fétides. Même les chefs d'État en exercice ne trouvent pas grâce à ses yeux. Car aux détails signifiants qu'ils lui offrent, elle ajoute les indiscrétions de leur entourage qu'elle séduit également en s'inventant avec leur patron des liaisons aussi torrides que soudaines.

Fière d'exercer virilement un métier d'homme avec, en prime, toutes les ressources de la subtilité féminine, Sybille affectionne la casquette en toile et le treillis camouflé qui constituent la panoplie du grand reporter sur les théâtres d'opérations extérieures. Des doigts jaunis par la nicotine des cigares offerts par Castro achèvent de lui permettre de se fondre dans n'importe quel environnement. Informée en temps réel de tout ce qui se passe dans les pays où ses employeurs l'ont dépêchée, fût-ce une seule fois, elle ne supporte aucune intrusion dans ce qu'elle considère comme son domaine réservé. Les avis qu'elle émet sur les problèmes de politique étrangère ne souffrent nulle discussion. À l'en croire, elle bénéficie d'une grâce d'état très rare l'autorisant à appréhender, en quelques heures et sans avoir besoin de sortir de sa chambre d'hôtel, une conjoncture locale complexe.

Née trois décennies plus tard, Sybille aurait sans doute effectué une brillante carrière sous l'uniforme. Elle se console d'être restée prisonnière de la société civile en tutoyant ostensiblement quelques officiers généraux rencontrés dans des mess de campagne et en arborant sur le col de sa vareuse kaki des rubans et des rosettes d'origine exotique. Mariée trois fois à des journalistes sédentaires, dont elle méprisait la peur des risques, cette nomade vit aujourd'hui avec un chien-loup, don du sous-commandant Marcos, dans un ancien fortin construit par Vauban. Le soir, elle monte sur son rempart afin de scruter avec des jumelles équipées de rayons infrarouges une départementale sur laquelle s'aventurent peu les hordes touristiques. Après quoi, telle sœur Anne ne voyant rien venir, elle redescend dans sa cuisine où elle soupe en face de son chien d'un bol de riz cantonnais agrémenté d'un ragoût de souvenirs. Et elle dort auprès d'un téléphone qui ne sonne plus, persuadée d'être l'innocente victime de la guerre sacrilège que mènent les générations montantes contre les figures emblématiques du plus noble des métiers.

## Françoise, la bavarde

Dire qu'elle a la langue bien pendue relèverait d'une pâle litote. En fait, Françoise, femme libérée par les gadgets électroménagers, a troqué le moulin à café contre le moulin à paroles.

À onze mois, elle essayait déjà de s'exprimer au moyen d'une bouillie où les mots se mélangeaient au lait. À trois ans, elle parlait d'autant plus longuement à ses poupées que ces dernières ne l'interrompaient jamais. En classe, on lui intimait régulièrement l'ordre de prendre la porte pour sanctionner ses incessantes palabres. Médiocre à l'écrit, diserte à l'oral, elle se retrouva standardiste dans une grande entreprise, alternant les dialogues avec des interlocuteurs invisibles et les conversations avec ses collègues. D'autres en auraient eu la langue collée au palais mais pas elle qui trouve sa fonction la plus vitale dans un torrent verbal. Depuis que ses maris ont fui, assommés par sa logorrhée, Françoise parle seule lorsqu'elle rentre chez elle, en regardant la télévision et même, prétend-elle avec fierté, en dormant. Comme elle n'a rien de précis à dire, tout lui est prétexte à faire des phrases qu'elle ne termine pas toujours mais qui constituent le fond sonore sans lequel elle n'aurait pas la sensation d'exister.

Françoise raconte sa journée à son chien, apostrophe

son chat, engueule les mouches. Sa vie quotidienne se déroule comme un interminable et trop long métrage dont elle sous-titre les péripéties dérisoires à l'aide de propos sans intérêt. Fatiguée de poser des questions demeurées, par définition, sans réponse, elle a imaginé de s'interroger elle-même sur le temps qu'il fait, sur les lainages qu'elle ne retrouve plus, sur les voisins qui ne la saluent pas dans l'escalier, sur le petit plat qu'elle se mitonnera dimanche puis de se préciser qu'il fait moins chaud qu'hier, que son chandail a dû être dévoré par les mites, que les locataires de l'immeuble sont tous des malappris et qu'une blanquette à l'ancienne lui soutiendrait le moral. À d'autres moments, elle saute du coq à l'âne, de ses rhumatismes au bruit des poubelles, de la cherté des légumes à l'inutilité de faire réparer son vieux récepteur de télévision tombé en panne. Avec un argument massue :

— Tous ces gens qui parlent en même temps que moi m'agacent.

Françoise a une amie, Gilberte, tellement affectée du même travers que les deux femmes ont remplacé le dialogue par des monologues entrecroisés. Parfois, Françoise téléphone interminablement à de vagues connaissances. Sa prolixité laisse alors à penser qu'à l'autre bout du sans-fil ses correspondants restent figés dans le plus complet mutisme. Commentatrice née, elle fait son miel de tout ce qu'elle imagine, supputant la soif de son chien, prévoyant une augmentation de salaire, anticipant un embarras gastrique. Observatrice des processus physiologiques, Françoise ne cache pas ce qu'elle pense de son transit intestinal, de la ménopause envahissante ainsi que des douleurs qu'elle ressent çà et là et pour le traitement desquelles elle se prescrit sans aide des médicaments.

Elle est aussi sa directrice de conscience. À ce titre, elle ne s'envoie pas dire ce qu'elle pense de la façon dont elle a mené sa vie privée, vitupérant ses angoisses métaphysiques et son inaptitude au bonheur. Les locataires du palier collent souvent leur oreille à la cloison pour le plaisir de l'entendre s'appeler « ma grosse » ou s'adresser à son colibri comme s'il était son concubin pris de boisson. Devant ses propres reproches, Françoise réagit vertement :

— Ça ne te regarde pas, ma grosse ! Je suis une grande fille, je fais ce que je veux.

On peut être assuré qu'elle ne se prendra jamais en grippe tant il est vrai qu'une fâcherie avec elle-même la condamnerait à un intolérable silence.

# Mimi, la pute qui se retire du tapin

À ses fidèles clients et à ses collègues de trottoir, Mimi a annoncé sa retraite deux ans avant l'échéance fixée. Et elle a tenu sa parole, vivant avec exaltation et un brin de nostalgie ce compte à rebours à l'issue duquel elle ambitionnait de passer du trottoir où elle avait durement trimé à la boutique achetée grâce à une épargne ne devant rien à la sueur de son front. Avant de prendre sa décision irrévocable, elle s'est longuement interrogée :

1) sur sa fatigue des hommes ; 2) sur le type de commerce susceptible d'assurer fructueusement sa matérielle en troquant la position horizontale contre le statut vertical. Elle a choisi finalement une boutique de fripes, « des convenables », précise-t-elle pour qu'on ne pense pas qu'elle accepterait de vendre les vêtements suggestifs qu'elle porta longtemps pour aller travailler.

À quarante ans, Mimi s'est donc retirée. Après vingt ans de tapin exercé dans l'ordre, les principes et l'économie. Assidue quelle que soit la météo sous son porche du XVII^e^, elle avait constitué une belle clientèle, généreuse à l'occasion. Informés de son prochain départ, les « membres fondateurs », comme elle les nommait plaisamment, avaient en vain sollicité une mesure de faveur. Elle n'allait quand même pas rompre tous les ponts ? Elle recevrait bien sur rendez-vous de temps à autre ceux dont elle avait été la si dévouée infirmière sexuelle ? Eh bien non ! Navrée de vous décevoir, messieurs, mais il faudra chercher ailleurs pour assouvir vos bas instincts, vos vieux fantasmes et vos manies si peu innocentes.

Le dernier mois, elle se laissa inviter à dîner par ses habitués. Histoire d'imaginer devant eux – sinon pour eux – sa nouvelle existence de petite bourgeoise investie dans le commerce de détail. Ses clients regardaient, médusés, sa transfiguration. Dans sa tête elle avait déjà quitté le trottoir. Et le reste ne suivait plus comme avant quand son tempérament et son expertise lui valaient belle réputation. Elle évoquait son appartement douillet de Boulogne où elle n'avait jamais « reçu » personne, sa fille qui poursuivait ses études de médecine sans trop savoir, pensait-elle, comment sa mère pourvoyait à ses besoins alors qu'elle la voyait, chaque soir, quitter le domicile familial avec une robe fendue jusqu'à la taille. Et puis ses animaux de compagnie : un chat angora et un basset artésien qui, eux, ne l'avaient jamais déçue. Bref, elle se préparait voluptueusement à une vie de vieille fille, elle que les hommages masculins avaient lassée au point de lui faire refuser la proposition très honnête de plusieurs pratiques qui souhaitaient lui passer une riche bague au doigt. « On ne transforme pas un client en mari », expliquait-elle gentiment à ces fiancés auxquels elle avait si souvent vendu des nuits de noces.

Ses fournisseurs habituels – l'hôtelier qui l'accueillait pour des passes, le gardien du parking où elle traitait les cas les plus urgents, le café-restaurant qui lui servait de refuge et le libraire auquel elle achetait le quotidien dans lequel elle ne lisait que les cours de la Bourse – se cotisèrent pour lui offrir un beau cadeau d'adieu sous la forme d'un énorme téléviseur. Elle remercia, précisant qu'elle regarderait surtout les programmes culturels et romantiques, en bannissant les films X qui lui avaient toujours fait horreur car, quand elle rentrait chez elle, à l'aube, elle aimait se changer les idées...

Vint le dernier jour où elle ne s'autorisa nulle paresse. La dernière heure venue, elle décrocha, refusant catégoriquement le coup de l'étrier qu'un grossium fastueux avait commis l'erreur de lui proposer une minute après le moment fatidique. On ne l'a jamais revue. On croit savoir qu'elle a fait emplette d'une petite voiture, qu'elle a engagé une vendeuse ainsi qu'une femme de ménage et qu'elle a renoncé à se maquiller. Aux dernières nouvelles, elle n'aurait pas donné suite à la démarche d'un ancien client, éditeur de son état, qui souhaitait publier ses souvenirs. Elle aurait eu, à cette occasion, une sage formule :

— Quand on veut se fabriquer une seconde vie, on ne raconte pas la première...

## VANESSA, LA CAPILLAIRE

Prénommée pour l'état civil Brigitte, Vanessa vit quotidiennement le drame d'une jolie fille déchirée entre son goût pour les cheveux longs et son désir de ne pas priver ses semblables du ravissant spectacle de ses traits. Toutes les 3 minutes environ, elle écarte ses mèches d'un doigt impatient. Soit, à raison de 10 secondes par rectification capillaire, 40 minutes par journée de 12 heures passées à ce qu'il faut bien appeler « faire le peigne ». Dans 60 ans, elle aura ainsi consacré 14 600 heures ou 22 mois, c'est-à-dire près de deux années à tenter de mettre de l'ordre dans ses boucles.

Certes, la passion de soi n'est pas toujours passionnante, surtout lorsqu'elle passe exclusivement par les friselis du système pileux supérieur. Mais, dans le cas de Vanessa, le spectacle d'un geste aussi répétitif que dérisoire finit par susciter, même chez les contemporains non coiffeurs, une espèce de fascination due à l'automaticité et à l'inutilité de la précaution. Les soins constants que Vanessa apporte à sa coiffure, l'angoisse que provoque en elle le moindre dérangement laissent à penser que les singularités de son être et de son tempérament se situent non pas dans la tête mais au-dessus d'elle. Diagnostic vérifié par son incapacité à traiter d'autres sujets que l'achat d'un nouveau fer à friser, la découverte d'une teinture tenace ou l'usage d'un shampoing dont les miraculeux effets répondent aux promesses du prospectus livré en même temps que la fiole. Sur les traitements conçus pour assouplir et embellir le cheveu, Vanessa se montre inépuisable et épuisante. Elle livre en vrac des recettes « personnelles » qui vont du recours au filet d'un vinaigre spécial donnant des reflets mordorés à ses précieuses mèches jusqu'à l'emploi d'emplâtres mystérieux destinés à assurer la bonne santé d'une pilosité qui, autrement, dépérirait. En cela Vanessa se comporte comme une horticultrice dont l'ambition est de préserver ses plantes de tous les dangers extérieurs et d'améliorer leurs qualités à l'aide d'engrais bien choisis et de manipulations efficaces.

Ses soucis – et sans doute son plaisir – proviennent de cette impossibilité dans laquelle elle se trouve d'empêcher ses mèches d'occulter son front, de descendre devant ses yeux au point de ne pouvoir, par définition, estimer les « dégâts » avant de les avoir réparés. Certes, Vanessa n'ignore pas que quelques coups de ciseaux feraient disparaître ses problèmes et lui permettraient de gagner des milliers d'heures promises peut-être à un meilleur emploi. Mais elle ne se résigne point à cette solution de facilité. En même temps qu'à ce défaut de caractère : ne plus remonter ses mèches équivaudrait à baisser les bras, à s'incliner devant une nature joliment rebelle. Et aussi à abandonner, appréhende-t-elle, un comportement dont elle doit pressentir qu'il lui tient lieu de personnalité. Elle ne s'imagine pas – et nous pas davantage – privée de ce réflexe dont, avec le temps, elle a peaufiné la gracieuse gestuelle qui met en valeur la finesse de la main et le galbe de l'avant-bras. Elle témoigne de la commisération aux chauves, plaint les infortunés qui, chaque matin, ne retrouvent plus leur raie, désigne toutes les femmes par la coloration que leur a offerte le coiffeur et considérerait comme une familiarité inacceptable que d'autres doigts que les siens parcourent cet ondoiement révelant les soubresauts et les craintes d'une âme qui redoute de n'avoir plus, un jour, toute sa tête.

# Monique, l'hypocondriaque

Elle est malade rien qu'à la pensée qu'elle pourrait l'être. Et elle ne cesse d'envisager les maux qui pourraient préluder à son dernier soupir. Chaque cancer, chaque disparition survenus dans son entourage lui rappellent l'angoissante réalité de la condition humaine. Monique, divorcée sans enfant, s'est éloignée de ses amis pour se consacrer davantage à son généraliste et à son pharmacien, ses partenaires habituels, les spécialistes tenant le rôle d'amants de passage devant lesquels elle se déshabille une fois, avant de consulter le suivant. L'imagerie médicale a remplacé chez elle les photos de famille. À ses rares visiteurs, elle montre ses radios pulmonaires, l'échographie de son foie, voire une coronographie qui n'a révélé aucun désordre vasculaire. Tout à ce sujet qui la passionne autant qu'il l'inquiète, Monique qui, aux approches de la soixantaine a conservé pour tout ce qui concerne son épiderme des pudeurs de jeune fille, exhibe, sans aucune gêne, l'intérieur de son corps à de parfaits inconnus. Ainsi, paradoxalement, a-t-elle renoncé au décolleté, préférant faire admirer son foie et sa rate plutôt que des épaules, toujours belles.

Dès le début d'une conversation, elle place des renseignements physiologiques qui constitueraient des indiscrétions si ce n'était pas l'intéressée qui les prodiguait. Et l'on a droit, sans préparation, au dosage de son cholestérol, à sa vitesse de sédimentation, voire aux traces d'albumine qu'une récente analyse a permis de découvrir. Car ce qui ne va pas intéresse infiniment plus Monique que ce qui va. Elle tire même une espèce de délectation morose des menaces qui, au fil des ans, sont susceptibles de compromettre sa santé. Pour jouir pleinement de la précarité vitale, Monique dramatise tout. À l'entendre, un bouton à la lèvre annonce une grave affection contagieuse, un léger embarras gastrique est le signe d'une tumeur du côlon. Et le reste à l'avenant qui va des palpitations suspectes à des douleurs baladeuses semblant indiquer que la grande faucheuse cherche la faille par laquelle elle se glissera pour avoir définitivement raison de son organisme.

Chemin faisant, Monique se fabrique une culture très spécialisée grâce aux conversations avec des malades réellement atteints des affections qu'elle redoute, à certains articles de *The Lancet* et surtout à la lecture assidue du Larousse médical dont les séquelles psychosomatiques sont, au gré de sa quête par ordre alphabétique, quasi immédiates. Selon la nature des articulets parcourus, Monique se croit subitement frappée d'angine, de surdité ou de troubles hépatiques. Elle peut même, à l'occasion, s'imaginer atteinte de maladies exotiques rares rien qu'en se souvenant qu'elle a accompagné une amie voilà quelques semaines (elle se montre très sourcilleuse sur les délais d'incubation) dans un aéroport où elle a croisé un bataillon de touristes venus des antipodes. D'autres jours, elle s'arc-boute à son hérédité (son père et sa mère ont succombé tous les deux à une crise cardiaque) pour arracher à un éminent généticien le pourcentage théorique de risques qu'elle encourt dans ce domaine.

Sa pharmacopée personnelle est à la hauteur de ses

appréhensions et de ses lectures. Rangées par zones du corps concernées, les spécialités préventives ou curatives ont remplacé dans son dressing des vêtements qui, en bonne logique, devraient se réduire à des suaires. Monique se soigne – ou se prémunit – moitié sur ordonnances moitié par automédication. Avec une dilection marquée pour les nouveautés, toujours miraculeuses, portées à sa connaissance par la publicité, par la rumeur ou par des mal-portants. Méticuleuse, elle inscrit sur son carnet de santé les doses prises et les résultats obtenus. Il faut croire qu'à cet égard elle a su faire les bons choix puisque, à l'heure où j'écris ces lignes, Monique, qui souffre mille morts, se trouve toujours en vie.

## CORINNE, LA TOUCHE-À-TOUT

Elle aura été une pionnière de la mobilité de l'emploi. À quarante ans, son cursus remplit déjà trois feuillets bien tassés. Moyenne en tout, sans vocation précise, Corinne n'excelle qu'à saisir les opportunités. Elles ne manquent pas depuis ses premiers stages, vite transformés en petits boulots. On l'a connue serveuse auxiliaire dans un établissement de restauration rapide, porteuse de sandwichs sur un plateau de cinéma, grouillote dans un quotidien gratuit qui ne la rétribuait pas davantage, troisième secrétaire d'un professeur de médecine, allègre démarcheuse pour des « assurances-obsèques », jardinière d'enfants, représentante en yaourts aux fruits, contrôleuse de quai dans une gare de la banlieue parisienne, aide-modiste, vendeuse de fripes, démonstratrice d'électroménager. Avec, chaque fois, le même enthousiasme qui lui faisait jurer, durant au moins trois jours, qu'elle avait découvert enfin le plus beau métier du monde.

Courageuse au demeurant puisque, entre deux professions exaltantes, elle n'hésite pas à accepter des ménages ou à vendre des ballons en baudruche à la sauvette. Grâce à quoi, Corinne réalise la performance d'être passée à côté des réussites que procure le travail sans s'être inscrite un seul jour au chômage. On aurait cependant tort de croire que tout l'intéresse. En fait rien ne la rebute. Elle n'est partante que parce qu'elle conserve l'espoir d'arriver. Mais, à la longue, sa multitude d'expériences se retourne contre elle. Les employeurs se méfient d'une employée qu'ils jugent plus instable que courageuse.

Corinne fait front contre sa famille qui se désespère de la voir s'arrimer enfin à un poste solide, contre les amis et connaissances qui la toisent du haut d'un CV résumé en quelques lignes, contre l'injustice qui empêche qu'on reconnaisse plus durablement ses mérites. Son avenir ne l'inquiète pas trop car elle n'a pas, comme elle le claironne volontiers, les deux pieds dans la même basket mais elle sait qu'il sera diversifié et haché de remplacements ou de CDD. D'autres secteurs d'activité la tentent, éventail largement ouvert qui va de l'organisation de la livraison à domicile de pizzas à l'édition d'art. Et puis elle n'a jamais touché à la politique ni à l'humanitaire.

Parallèlement, sa vie privée n'est guère plus assurée que sa vie professionnelle. Les idylles menées sur les lieux de travail ne durent pas plus longtemps que ses séjours dans les entreprises. La mobilité géographique n'arrange rien qui la fait passer trois mois à Nice et un semestre à Brest avant de repasser par Paris.

Dernière engagée, première licenciée, Corinne aura renoncé à l'équilibre et à la sécurité sans que son désintéressement soit repris à son actif. Parfois, elle rêve de « créer sa propre boîte » afin de poser son courage quelque part. En vain, car les banquiers ne lui font pas confiance et car elle a exercé trop de métiers pour être capable d'en privilégier un seul. Et puis, sa profusion d'adresses fait douter de son habileté.

## Claude, la transsexuelle

Son art tient surtout aux manières qu'il aura empruntées à longueur d'existence à ces créatures à la fois diaboliques et fascinantes auxquelles il ne reconnaît qu'un statut d'os surnuméraire. À entendre Claude, très fier de son prénom ambigu, la nature et la volonté en ont fait le dépositaire idéal de la féminité. Ainsi trouve-t-il les femmes modernes hommasses. Il les accuse d'avoir perdu sur la route de la parité le charme et la finesse, le raffinement et la subtilité. Et d'assurer que s'il ne reste qu'une seule vraie femme au monde, il sera celle-là, sous ses dentelles et ses brocards, inondée de N° 5 de Chanel et perchée sur ses talons aiguilles.

Comme les historiens distinguent deux périodes dans le règne de Louis XIV – avant et après l'opération de la fistule –, Claude prétend qu'il est né au Maroc à l'âge de vingt-sept ans sous l'expert bistouri d'un artisan de la transsexualité aboutie. Les décennies précédentes ne comptent pas. Il les a rayées de sa biographie en même temps qu'il les expulsait de sa mémoire. Et d'expliquer sans rire qu'il est le troisième enfant choyé d'une famille princière remontant aux Croisades et non le rejeton négligé d'une modiste du XVIIIe arrondissement. Ceux qui connaissent son véritable état civil ne l'en admirent pas moins de s'être forgé de toutes pièces une ascendance, un état civil, une anatomie et une personnalité qu'à son départ dans la vie rien ne laissait prévoir.

Claude doit son indéniable réussite sociale à deux recettes qu'il résume en une formule unique : « Il faut soigner sa peau et ses fréquentations. »

Pour la première il recourt aux onguents. Pour les secondes au gratin. Moyennant quoi Claude, roi sans couronne du troisième sexe, a constitué autour de lui une cour de mécènes et d'éphèbes qui portent aux nues toutes ses prestations artistiques, publicitaires et audiovisuelles. Car Claude excelle aussi bien dans l'exécution d'un pas de deux, dans l'apologie d'un yaourt que dans l'interview à laquelle il soumet des célébrités de tous poils attirées par le mystère nimbant sa toison pubienne. Il suffit qu'il demande de sa belle voix rauque à un banquier important si, chez les jésuites, il entretenait des amitiés particulières pour que la France superficielle et la France profonde frissonnent délicieusement sous l'impertinence transgressive. Il sait que les meilleures questions sont celles qui donnent suffisamment à penser sans qu'on ait à y répondre. Claude passe à l'interrogation suivante sur le quattrocento avant de prendre congé à sa façon, c'est-à-dire avec une œillade à la caméra et en se caressant d'un doigt rêveur l'emplacement de cette pomme d'Adam qu'il a perdue en devenant une Ève à part entière.

Adopté le plus légalement du monde par un ancien amant, Claude attend d'avoir atteint le palier des quadragénaires pour renvoyer l'ascenseur à son fidèle assistant-maquilleur-secrétaire qu'il présente, selon son humeur et ses interlocuteurs, comme son neveu, comme son fils, comme son bras droit ou comme son souffre-douleur. Pour que son bonheur soit complet il ne lui aura manqué – dans l'ordre chronologique – que la maternité et la ménopause. Il s'en console en expliquant aux intimes que ces deux lacunes physiologiques lui permettent de faire encore le grand écart dans des manifestations charitables et quelques petits lors de soirées plus confidentielles.

Claude peint, sculpte, compose des chansons qu'il interprète en grattouillant une vieille mandoline. Il possède également une très bonne plume. Pour l'heure, elle ne lui sert qu'à rédiger d'un stylo précieux d'inimitables « lettres de château » qu'il fait porter par coursier dès le lundi après-midi lorsque le week-end a été chic et confortable. Il ne publiera ses mémoires que plus tard, beaucoup plus tard, quand auront disparu les pervers et les hypocrites qui rêvent de partir sous ses jupons de dentelles à la recherche d'un copain de régiment.

## Marie, la servante-maîtresse

Marie avait dix-sept ans quand elle entra au service de Louis et de Gisèle, un couple de petits-bourgeois nantais. Pendant quinze ans, elle trima dur, trop absorbée par ses travaux forcés ménagers pour s'apercevoir que son patron – qui avait trois fois son âge – la lorgnait parfois bizarrement. À la mort de Gisèle, Louis qui avait tenu à ce qu'elle figurât sur le faire-part après les membres de la famille, augmenta Marie sans qu'elle eût rien demandé. Un mois après l'enterrement, elle se vit priée par le veuf de choisir dans les armoires de la défunte les vêtements qui lui plaisaient. Louis assista à l'essayage, l'œil et les sens allumés par la soubrette en combinaison.

Peu à peu le statut de Marie avait évolué : non seulement elle gérait, comme le faisait Gisèle, le budget du ménage mais encore, quittant la cuisine, elle s'asseyait désormais deux fois par jour à la table du maître de maison. Un soir, elle passa tout naturellement de la table au lit où elle rendit à Louis des services plus intimes qu'à l'ordinaire. Après qu'il eut trouvé les considérations apaisantes qui la déculpabilisèrent : Madame n'était plus de ce monde ; elle avait toute confiance en Marie ; là où elle se trouvait, elle devait se féliciter qu'elle s'occupe complètement de Monsieur.

Marie s'installa très vite dans son nouveau rôle de servante-maîtresse. Pendant quelques mois, le changement fut d'ordre intérieur. La journée, elle appelait encore son patron « Monsieur » mais le soir elle lui donnait du « Loulou » dès que Francis, le fils que Louis avait eu d'un premier mariage et qui partageait souvent leur dîner, avait tourné les talons. Au bout de six mois, Marie osa aller à la messe, revêtue du manteau d'astrakan de la regrettée Gisèle. Les voisins qui se posaient des questions eurent l'impression d'obtenir les premières réponses : Marie venait de gagner ses galons de concubine sous la couette qu'elle ne secouait plus seulement le matin.

Louis l'emmena durant un week-end à Pornichet où ils croisèrent plusieurs commerçants de leur quartier. Marie prenait de plus en plus d'assurance. Tenant Louis à sa merci par ses plats en sauce et ses baisers baveux, elle demanda une augmentation (bien méritée), une robe (que n'avait pas portée Gisèle), un jour de congé par semaine (pour aller voir sa vieille mère au Mans) et, surtout, l'autorisation de convier à l'apéritif quelques domestiques de la rue devant lesquelles elle souhaitait étaler les avantages de sa nouvelle situation. Les bonnes femmes péroraient plutôt sagement, échangeant leurs recettes de pot-au-feu jusqu'à ce que Marie envoie Loulou faire la sieste. La conversation prenait alors un tour précis et salace, Marie expliquant avec force détails comment on pouvait transformer un harcèlement sexuel en promotion sociale. La morale – si l'on peut dire – était claire : elle portait la culotte parce qu'elle avait su l'enlever.

Elle obtint de Louis qu'il la couchât aussi sur son testament. Elle hériterait de la jouissance de la maison après sa mort et d'un joli petit magot dissimulé dans une cassette dont elle possédait la clé. Louis, qui ne voyait pas malice au pouvoir grandissant de sa servante-maîtresse, déclarait à qui voulait l'entendre qu'il n'avait jamais été aussi heureux.

Marie organisa pour son quatre-vingtième anniversaire une réception très joyeuse et très arrosée. Comme par hasard, Louis mourut le lendemain et, au retour du cimetière, Marie décida d'engager une domestique.

# Cécile qui perd tout

Sa conversation est d'ordre strictement interrogatif :

— Où ai-je oublié mes clefs ?

— Qui m'a pris mon livre ?

— N'avais-je pas rangé ma bague ?

En signalant la disparition provisoire – ou définitive – d'objets familiers, Cécile a tout dit. Comme elle nie être désordonnée ou tête en l'air, elle attribue chaque sortie de son champ de vision à des éléments extérieurs qui ont nom malhonnêteté d'autrui, petits séismes, coups de vent, phénomènes paranormaux.

Pas besoin de la pousser beaucoup pour l'entendre se demander, après le poète, si les mouchoirs, les bijoux, les écharpes, en apparence inanimés, possèdent une âme et si leur tendance profonde ne consiste pas à se soustraire à l'autorité de ceux qui se les sont appropriés. Car comment expliquer autrement qu'un billet de cinq cents euros, dissimulé dans le deuxième tome des *Misérables*, ait disparu du jour au lendemain, qu'une facture en cours de paiement se soit volatilisée, que les réticules se fassent la valise, que la carte d'identité prenne le large et que les briquets paraissent soumis au régime des CDD ?

La palme de la désobéissance revient aux trousseaux de tous calibres qui tombent dans le ruisseau, se désagrègent mystérieusement, s'évertuant à rompre leurs amarres avec les trous de serrure auxquels ils sont affectés. Au début, Cécile courait jusqu'au commissariat où elle avait signalé ce qui pouvait être un vol ou vers le bureau des objets trouvés, c'est-à-dire perdus. Aujourd'hui, devenue fataliste, elle passe ces défaillances inexpliquées par profits et pertes.

Dans les parkings, sa voiture n'est jamais à la place où elle croyait l'avoir garée. Souvent elle monte dans un véhicule de même marque que le sien mais qui refuse la clé de contact que, pour une fois, elle n'a pas perdue, car il ne lui appartient pas. Dans les grands magasins, Cécile perd ses enfants. Une fois, elle a signalé la perte de son mari à un chef de rayon malicieux qui lui a indiqué que le rayon deuil se situait au sous-sol. Accroche-t-elle une veste au portemanteau d'un restaurant ? Elle en récupère une autre. Ou pas du tout. Confie-t-elle une fourrure à la demoiselle du vestiaire ? On ne parvient plus à mettre la main dessus quand elle la réclame.

Elle n'a pas davantage de chance avec les archives familiales : les comptes bancaires, les titres de propriété. Les formulaires d'impôts, les quittances d'assurances s'évaporent comme le reste. Dans le meilleur des cas, Cécile retrouve un objet dont elle croyait être dessaisie à jamais alors qu'elle vient de le remplacer. Elle ne compte plus les montres dont le bracelet s'est détaché tout seul alors qu'elle roulait à côté de son mari, le bras à la portière. Les pickpockets, qui sont physionomistes, la repèrent tout de suite et aident son sac et son porte-monnaie à prendre la tangente. Cécile perd aussi ses amies de vue faute de pouvoir remettre la main sur son répertoire téléphonique. Elle a perdu la broche de sa grand-mère, sa bague de fiançailles et son premier collier qu'elle aurait offert à sa fille pour ses dix-huit ans si elle n'avait pas oublié la date de son anniversaire.

Elle finira par perdre la face.

## Ghislaine, femme du monde de l'immobilier

L'illumination lui est venue un été durant la visite de la maison de gardiens dans un château ami. En faisant sauter deux cloisons, en supprimant une cheminée, le local devenait très convenable. Aux cris d'admiration suscités, un peu plus tard, par la concrétisation de ses conseils de réordonnancement, Ghislaine sut qu'après un bac de lettres, une licence d'araméen, deux mariages ratés et un élevage de chihuahuas, elle avait enfin trouvé sa voie. La suite fut un jeu d'enfants : après s'être associée avec une amie possédant les agréments nécessaires, Ghislaine loua un bureau et se fit graver des cartes de visite substituant à un titre nobiliaire très ancien, perdu lors d'un divorce difficile, une raison sociale toute neuve.

Une autre vie commence alors qu'elle mène tambour battant avec la double obsession de dénicher des propriétaires de biens soucieux de vendre et de recruter des clients désireux d'acheter. Certes, elle connaît mieux le Gotha que la plomberie mais elle dispose, elle qui n'a jamais su parler aux hommes, d'un sens très affiné de ce qu'il faut dire aux détenteurs de patrimoine pour les assurer de sa compétence en la matière et de son dévouement à leurs intérêts. L'entregent acquis aux Oiseaux et ses belles relations font le reste.

Ses clients – qui deviennent vite des amis lorsqu'ils ne

l'étaient pas déjà – s'accordent pour vanter sa disponibilité (on peut lui téléphoner jusqu'à deux heures du matin), son mépris de la poussière (elle ne rechigne pas plus à l'exploration des caves qu'à la fouille des placards) et cet instinct très particulier qui lui permet de trouver immédiatement les bonnes clés et les commutateurs idoines dans une maison où elle n'a jamais mis les pieds. Quand elle parcourt joyeusement et à grandes enjambées un appartement libéré par un décès ou par un caprice, les acquéreurs potentiels ne voient plus les incommodités structurelles ou les taches sur les murs qu'elle a stigmatisées une heure plus tôt afin de faire baisser les prétentions des vendeurs. Lorsqu'elle ouvre une fenêtre, le soleil n'est jamais loin. Son enthousiasme transforme dix mètres carrés de gazon pelé en jardin d'agrément, une cabane à outils en communs et une chambre lambrissée en nid d'amour romantique.

À toutes les questions gênantes, elle trouve une réponse satisfaisante : les bruits de la rue disparaîtront avec un double vitrage ; pour l'électricité qu'il faut rénover, elle conseille les services d'un petit artisan de sa connaissance aussi habile qu'honnête ; elle garantit pêle-mêle que les commerçants qui font tant défaut au quartier vont ouvrir boutique dans l'année, que les cafards sont seulement de passage, que les odeurs de morue qui empuantissent l'escalier cesseront dès qu'on aura signifié son congé à la concierge, que l'exiguïté des pièces dites de réception favorise une chaleureuse ambiance. Jamais en peine d'alibis culturels, elle explique sans rire que la vétusté des sanitaires atteste l'ancienneté quasi historique d'un immeuble que l'administration ambitionne de classer. Elle évoque comme une indéniable plus-value l'année qu'au début du XX$^{e}$ siècle Paul Valéry passa au premier étage en compagnie d'une créature qui venait de plus bas, suggère qu'au-dessus de l'encadrement des portes doivent se cacher d'inestimables trumeaux, insiste sur les vertus d'un anachronique couloir-qui-permet-un-meilleur-isolement-des-chambres, installe en imagination des bibliothèques, invente des « appartements de maîtres » et fait surgir miraculeusement des dressings et des bureaux auxquels les architectes qui ont bâti l'immeuble n'avaient pas songé.

S'occupe-t-elle d'une affaire dans l'arrière-pays niçois ? Elle persuade ses pratiques qu'à une autre saison favorisant un horizon plus dégagé, ils pourront apercevoir la mer et qu'avant 2020 le TGV mettra Paris à trois heures de la Promenade des Anglais. Pour « signer » le plus rapidement possible, elle excipe du caractère exceptionnel du logis, du nombre de magnats intéressés qu'il faut prendre de vitesse et des conditions financières toujours inférieures aux prix du marché. Mieux vaut ne pas lui demander de diminuer sa commission si on ne veut pas l'entendre hurler qu'elle n'est pas une entremetteuse au rabais, que la classe – la sienne – se paie et que la liste de ses clients célèbres ou haut placés justifie un pourcentage que rien n'interdit d'assortir d'un petit cadeau supplémentaire. Jonglant avec les millions d'euros, au courant des facilités bancaires, en cheville avec les principaux notaires, Ghislaine s'interdit de traiter les affaires qui ne débouchent pas sur un achat et ne se traduisent que par un loyer : « On me loue mais je ne loue pas ! »

# Ginette, la taxi

Depuis que, comme elle dit, elle a choisi de « travailler au compteur », Ginette ne compte plus parcimonieusement ses heures ainsi qu'elle le faisait dans l'administration qu'elle a quittée, un jour de cafard, pour voir du pays. En fait de pays, et si l'on excepte un vieil habitué podagre qu'elle raccompagne deux fois l'an jusqu'en Bretagne, elle ne voit guère que Paris et ses banlieues les moins agrestes. Divorcée, fâchée avec son grand fils dont, à force de privations, elle a réussi à faire un médecin, Ginette n'est pas seule dans la vie puisque Lucas, son berger allemand, promu à la responsabilité de garde du corps, ne la quitte jamais de l'œil. Installé à l'avant du véhicule, il jauge instantanément toute nouvelle pratique. Si Lucas grogne, Ginette refuse la course. Bien lui en prend, surtout la nuit où elle ne sait jamais si l'on ne l'affrète pas pour organiser son dernier voyage après lui avoir volé une recette dont la compagnie, qui lui loue le taxi, ne lui laisse que la portion congrue.

Peu à peu, sous l'effet de l'âge et de la peur, elle s'est masculinisée. L'avantage est double qui lui permet de tenir à l'écart les obsédés et de nouer avec les chauffeurs mâles des rapports d'égalité. Jusqu'à ce qu'elle s'avise que, durant une journée normale de boulot, elle changeait deux mille fois de vitesses, Ginette adorait conduire.

Le plaisir a disparu, la virtuosité est restée qu'elle ne déteste pas entendre louer par un client, surtout lorsque le compliment s'accompagne d'un bon pourboire. De son fichu métier Ginette a tout connu : les attentes interminables ; la circulation de plus en plus difficile ; la concurrence sauvage devant les gares et les aéroports ; les injures et les rebuffades d'usagers impatients, mal embouchés ou assez légèrement pris de boisson pour que Lucas ne les élimine pas d'emblée. Parfois, lorsqu'elle a affaire à de braves gens, pauvres ou en mal de confidences, son pare-brise s'éclaire. Elle ne se limite plus alors à transporter des semblables de la Bastille à la porte Maillot, elle les écoute, elle les conseille, elle leur remonte le moral.

Quelques faits divers sanglants l'ont amenée à installer – à ses frais – le blocage nocturne de la vitre intérieure et des portières. Par économie, elle lave sa voiture elle-même, coupe le contact dans les encombrements prolongés et use de la roue libre dès qu'elle le peut. Sans Lucas, elle aurait rendu son volant. Mais le chien est là, affectueux et fidèle, dernière source de chaleur dans un monde froid et cruel, qui la débarbouille d'une langue râpeuse lorsque son courage faiblit et qui aboie joyeusement lorsque, au petit matin, elle gare enfin son taxi.

Ginette survit ainsi, en se réchauffant l'hiver à coups de grogs consommés sur le comptoir poisseux des bistrots qui ferment toujours avant elle, prisonnière de son habitacle décoré d'une médaille de saint Fiacre, d'une boussole et d'un vieux mange-disque qui, entre deux courses, vomit Brassens et Barbara. En se donnant ainsi l'illusion de l'indépendance. Mais au prix d'un sacrifice plus important que celui de son temps. Le métier, ses risques et ses servitudes l'ont asexuée. Elle a rayé le mot amour de son vocabulaire. Son existence est aujourd'hui une vraie vie privée. Privée de tout. Elle ne sait plus si elle est femme ou homme. Ni quel âge elle a exactement. Pour elle le temps qui passe est réglé par son compteur qui, vers dix heures du soir, adopte automatiquement le tarif de nuit. Elle n'a plus de passé. Elle n'a pas d'avenir. Elle est taxi.

## Odile, la madone du Train Bleu

À l'époque, les trains bleus constituaient le fin du fin pour relier la Côte d'Azur à Paris. On s'installait dans son wagon-lit vers neuf heures du soir et, le lendemain matin, après le petit déjeuner, on débarquait à la gare de Lyon frais comme l'œil si on avait réussi à le fermer en dépit du vacarme lancinant de la locomotive jumelle de celle d'Arthur Honneger et du bruit syncopé des rails pas encore joints sur les aiguillages.

Monté à la gare de Cannes, il s'était installé dans le « single » réservé depuis plusieurs semaines en prévision du principal retour de ce qu'on appelait alors les grandes vacances pour oublier qu'il n'en existait pas encore de petites. C'est à Saint-Raphaël que le voyage changea de nature sans modifier sa direction. Le contrôleur frappa à la porte :

— Monsieur, j'ai un service délicat à vous demander. Une personne se trouve en surnombre que ni mes collègues ni moi n'arrivons à placer...

Il feignit l'incompréhension :

— Désolé mais j'ai loué un single. Le mot est anglais mais il signifie en français que j'entends voyager seul...

La tête de la personne-sans-lit s'encadra à côté de la casquette du préposé de la compagnie internationale des wagons-lits. Il distingua avec émerveillement un visage de jeune femme blonde et fraîche qui l'incita à faire litière de son égoïsme. En un tournemain l'affaire fut réglée : le contrôleur abaissa la couchette supérieure, assura les sangles et disparut, lesté d'un bon pourboire, tandis que la passagère surnuméraire se confondait en excuses :

— Je ne voudrais pas vous déranger. Je me ferai toute petite. Je ne ronfle pas. Enfin, c'est ce qu'affirme mon mari...

Il l'aida à hisser son bagage qu'elle entrouvrit pour en extirper ses affaires de nuit. Il faisait très chaud. Le pittoresque de la situation l'excitait d'autant plus qu'il n'ignorait pas que la mixité fortuite était prohibée durant les voyages nocturnes. La charmante ne dormait pas davantage que lui. La conversation s'engagea d'un étage à l'autre comme dans une HLM. Elle se prénommait Odile. Elle travaillait dans la publicité après un congé dont son bronzage entrevu attestait qu'il avait été ensoleillé. Tout en bavardant et au prix de pudiques reptations, il se glissa dans son pyjama. La ventilation ne marchait plus. Pas question de baisser la vitre extérieure pour cause de bruit et d'escarbilles. Il sonna le wattman et lui commanda quelques boissons fraîches. Le préposé, lorsqu'il revint avec le plateau, eut le bon goût de ne pas s'étonner de voir assis, au même niveau et en tenue de nuit, deux personnes qui ne se connaissaient pas une demi-heure plus tôt. Elle aimait le champagne et la compagnie. Elle eut l'un et l'autre.

À l'arrêt de Marseille-Saint-Charles, ils échangèrent leur premier baiser. Sa fougue le surprit agréablement. Il y décela plus que de la reconnaissance pour ne pas l'avoir laissée sommeiller dans le couloir. À Montélimar, tout était consommé. Peu après Lyon, il lui rendit la politesse en allant la visiter sur la couchette supérieure. Vingt années de mariage ne lui auraient pas procuré plus d'intimité que dix heures de chemin de fer. Vers Fontainebleau, elle remarqua avec un grand rire qu'alors qu'elle avait sollicité son hospitalité pour prendre un peu de repos, elle n'en avait connu aucun. Il lui prêta main-forte pour descendre sa valise. Ils se rhabillèrent hâtivement. La banlieue apparaissait déjà, grisâtre et mal réveillée.

Le convoi s'immobilisa. Elle sortit la première. Il suivit en lui passant sa valise que réceptionna sur le quai un grand gaillard auquel elle le présenta sans aucune gêne :

— Chéri, tu peux remercier le monsieur sans qui je n'aurais pas eu de couchette.

Le gaillard le gratifia d'une solide poignée de main, dénuée de toute arrière-pensée jalouse. C'est en voyant Odile se jeter au cou du mari que l'amant s'avisa qu'il n'avait pas eu droit au plus léger baiser d'adieu. Avant de s'éloigner à jamais, elle se retourna et lui jeta avec un clin d'œil qui lui parut voluptueusement complice :

— Au plaisir !...

## MATHILDE, LA DÉESSE EX-MACHINA (SOUS)

Au début des attaques de ménagères par les bandits manchots qui s'emparent si volontiers de l'argent du marché, les dames accros de la machine à sous se reconnaissaient à la longueur de leur bras droit légèrement supérieure à celle du gauche. Les leviers ont disparu, remplacés par des boutons. Tout est donc rentré dans l'ordre. Du moins sur le plan anatomique. Car, dans les esprits, le désordre subsiste.

Joueuse parmi les plus joueuses, Mathilde stationne dès dix heures du matin à la porte du casino afin d'être assurée de reprendre possession de l'engin qui s'est montré si cruellement rapace la veille au soir. Vers quatorze heures, son gobelet de pièces à la main, elle prend une légère collation au bar de la salle dont le gérant, magnanime avec les habitués, oublie parfois de lui présenter l'addition. L'après-midi se déroule comme d'habitude, c'est-à-dire en allant de machine en machine, applaudissant sans rancune quand tombe le jackpot – toujours dans une autre escarcelle que la sienne – courant à la caisse avec l'espoir – souvent déçu – d'obtenir un petit crédit supplémentaire. Le soir rebelote : dîner au bar et retour aux machines jusqu'à l'heure de la fermeture : deux heures du matin l'hiver et jusqu'à cinq heures l'été.

Pour assouvir sa passion, Mathilde dispose de quelques économies, d'un stock de pochettes rafraîchissantes et d'une belle réserve de lieux communs souvent codés :

— Toujours les mêmes qui gagnent !

— Ces machines sont truquées !

— Il m'a manqué une cerise pour décrocher la timbale !

— Vingt ans que l'on me fait les poches sans que la police intervienne !

Mathilde, très informée, évoque avec des trémolos d'espoirs fous les phases de restitution :

— La machine est programmée pour rendre 93 % des mises qu'elle reçoit. Si on est là au bon moment, on récupère presque tout ce que les autres ont perdu.

Sa voisine touche son grigri :

— Attention, le logiciel a trois mois pour opérer la restitution légale. On ne peut quand même pas passer quatre-vingt-dix jours et quatre-vingt-dix nuits à attendre !

— C'est pourtant ce que vous faites.

— Oui, mais hélas ! je change sans arrêt de machine.

Après quoi, les deux commères retournent à « l'usine », comme elles disent. Mathilde est imbattable sur les performances enregistrées durant les dernières semaines.

— Savez-vous qu'une Chinoise, qui n'était jamais venue et qui est repartie aussitôt, a empoché dix mille euros ? Et sans donner un centime pour le personnel !...

Le mur des lamentations se confond avec les cloisons de la salle :

— Je perdais depuis le matin. Je vais chercher des jetons à la caisse. Un malappris prend ma machine et la vide !

Quand elle n'a plus rien à perdre, Mathilde reste scotchée derrière les joueurs, guettant leurs réussites, commentant leurs échecs. La dépendance est si forte qu'elle n'imagine plus pouvoir habiter, passer ses vacances ou même un week-end dans une localité qui ne serait pas dotée d'un casino. Au début, sur un petit carnet acheté à cet effet, elle notait ses gains et ses pertes. Elle a rapidement renoncé à cette comptabilité déprimante qui ne lui permettait plus de se raconter des histoires tant le différentiel était négatif. Aujourd'hui, elle joue au jour le jour, transformant mentalement toutes les sommes versées par sa caisse de retraite en jetons, avant de s'en aller faire remplir les gobelets avec lesquels elle boira jusqu'à la lie la potion amère du vice malchanceux.

## VALENTINE, L'ÉCRIVAINE

Chaque année, la liste de ses œuvres déjà publiées s'allonge d'une ligne tandis qu'un exemplaire de son dernier bouquin, richement relié, s'en vient rejoindre sur l'étagère, modestement laissée dans l'ombre de sa bibliothèque, la cohorte attestant à la fois sa fécondité et son courage. Valentine s'enorgueillit d'être écrivaine et auteure, c'est-à-dire littératrice avec un supplément d'âme et de sensibilité par rapport à ses homologues mâles. Longtemps elle a souffert de voir la République des Lettres livrée, comme l'autre, à l'éternel masculin. Aujourd'hui, elle note avec satisfaction que la parité est atteinte au box-office et que l'époque est révolue où seules les femmes venues de l'aristocratie prenaient la plume.

Valentine a su faire d'un don naturel pour l'écriture une passion qui la consume durant ses périodes de gestation et un métier qui, en dépit de ses doléances misérabilistes, la nourrit plutôt bien. Femme de lettres reconnue, récompensée par plusieurs prix qu'elle rappelle volontiers et par des rubans qu'elle n'évoque jamais, elle est de tous les combats, appose son paraphe au bas de toutes les pétitions, et, surtout depuis son dernier divorce, brandit très haut la bannière du féminisme.

L'existence adulte de Valentine se divise en deux

grandes périodes : dans la première elle a fait des enfants ; dans la seconde elle a fait des livres. En apportant à la fabrication de ses personnages le même tendre soin qu'à l'éducation de sa progéniture. Au demeurant dépassée par les uns qui vivent désormais sans elle et par les autres qui lui échappent après chaque parution. Tout en faisant profession de modestie, Valentine apprécie que les critiques la prennent au sérieux, qu'on la compare avec certaines autres têtes d'affiche de l'édition, surtout étrangère. Elle entretient avec ses lecteurs des relations régulières sous la forme des réponses à leur courrier et des séances de signatures auxquelles elle s'astreint sous prétexte qu'« on ne peut continuer à écrire qu'à la condition de savoir pour qui on écrit ». Elle a noué une relation épistolaire régulière avec une étudiante canadienne qui lui a consacré une thèse. Parfois elle lit un chapitre – encore manuscrit – à des personnes de son entourage. Malheur à qui ne lui dit pas alors qu'elle n'a jamais mieux exercé son art et à qui ne lui reconnaît point une trace de génie.

Elle passe des semaines et des mois à maculer de longues rames blanches à l'aide d'une encre violette qu'elle a choisie entre toutes parce qu'elle lui rappelait l'école communale. Durant ses gestations, elle se coupe du monde et n'est pas à prendre avec des pincettes. La relecture du manuscrit puis celle des épreuves n'arrangent rien. Elle connaît des nuits blanches avant la sortie en librairie puis des journées surchargées d'interviews au cours desquelles son principal souci est moins de se mettre en valeur que de vérifier que ses interlocuteurs ont bien lu son ouvrage. Dans le cas contraire, elle les reconduit à la porte sans barguigner avant même qu'ils aient eu le temps de recapuchonner leur stylo. Elle n'admet pas les entretiens enregistrés qui ne nécessitent sur le moment aucun choix du journaliste, qui ne permettent pas à la personne questionnée de déceler en cours d'exercice les phrases susceptibles de séduire ou d'intéresser ceux qu'elle accuse de poser des questions comme on pose des bombes et qui ne constituent souvent à l'arrivée qu'un énorme fatras.

Lorsque les articles commencent à paraître, elle prétend ne jamais les lire. La façon dont elle regarde ensuite lorsqu'elle rencontre ceux qui l'ont étrillée tendrait à prouver le contraire. Valentine s'aime trop pour ne pas détester les gens de peu de goût qui ne partagent pas sa principale inclination. Elle laisse écrire qu'elle a refusé les flatteuses propositions émanant du Quai de Conti et de la Place Gaillon. En arguant qu'elle serait aussi ridicule avec une fourchette gravée à son nom qu'avec une épée dont le pommeau afficherait ses symboles. Sa propre considération lui suffit. Sa singularité pâtirait de l'appartenance à un groupe. Et puis quelle conversation engagerait-elle avec des confrères, elle qui assure ne plus lire que des morts ?

# Diane, la liftée

C'est à son absence totale de rides qu'on s'avisera un jour que Diane est centenaire. Ce sera l'apothéose d'une longue patience semée d'interventions parfois douloureuses, toujours coûteuses, jamais définitives. Car, dans ce délicat et vaste domaine du ravalement de la façade et du colmatage des brèches, tout est périodiquement à refaire. Ainsi Diane établit-elle un plan quinquennal de ses travaux personnels, en procédant à l'épargne nécessaire, du gommage des « boudeuses » qui abaissent tristement ses lèvres à l'escamotage du double menton qui asphyxie ses perles. L'expérience lui a peu à peu permis de constituer un répertoire des meilleurs praticiens. Initiée par Pitangui à l'occasion d'un voyage de noces au Brésil qui lui avait valu un nouveau nez bien avant sa première grossesse, elle a déniché en France des spécialistes aussi adroits de leurs mains que subtils de leur esprit.

De temps à autre, Diane disparaît sans prévenir quiconque. On devine qu'elle séjourne dans une clinique spécialisée puis qu'elle se terre chez elle durant une semaine ou deux afin de dissimuler aux regards les stigmates chirurgicaux qui ressemblent à s'y méprendre à des souvenirs de tabassage conjugal. Chemin faisant, l'appréhension des cicatrices a pris la relève de la peur de vieillir. Du rajeunissement du visage dont, avoue-t-elle plaisamment, l'ovale lui coûte de plus en plus de ronds, elle passe volontiers au gonflage de la poitrine et à un remodelage du corps dont elle a baptisé la principale tentative « liposuccion du porte-monnaie » sachant que sa graisse ancienne laissera, elle aussi, des vestiges en forme de ruines.

La maintenance est également exigeante qui la contraint à alterner teinture capillaire et port d'une perruque ou à glisser un ongle postiche entre deux dents qui ne sont pas davantage d'origine. Surnommée « tirée à quatre épingles », débarbouillée au laser et maquillée pour l'éternité, Diane promène sur cette foire aux vanités physiques un regard auquel l'incision des paupières et l'ablation des poches ont ôté toute sa vivacité tandis que sa bouche, aussi pulpeuse qu'un fruit trop mûr, rend hommage aux docteurs Faust du bistouri qui ont su lui enlever, trimestre après trimestre, les années que s'obstinait à lui offrir un état civil allergique au progrès.

Ah ! il est loin le « Je ne baise plus » à l'aide duquel sa mère et ses tantes tentaient maladroitement de soutenir leurs fanons. Si Dieu et son banquier lui prêtent le crédit qu'elle en espère, elle se fera remonter les fesses qu'aucune main ne menace plus à l'exception de rares Italiens appointés par les syndicats d'initiative dans les stations touristiques de la péninsule. Quelques piercings bien placés, la réapparition de fossettes enfantines à l'endroit où, sur les gencives, manquent des dents, et la coloration de sa toison pubienne achèvent le miracle. Car c'en est un. Même si Sophie, sa meilleure amie, qui, elle, se refuse à tout truquage et qui assimile les plus avantageuses prothèses à de regrettables abus de confiance, prétend que les hommes craquent moins aujourd'hui pour Diane qu'elle ne risque de craquer de toutes ses coutures devant les hommes.

## MARIE-CLOTILDE, L'ARISTOCRATE

Elle est bien née et ne perd jamais une occasion de le rappeler ou de le faire savoir. Dès son plus jeune âge, on lui a enseigné que le monde se divisait en deux groupes humains : d'un côté la piétaille de ceux qui n'avaient que des parents et des grands-parents ; de l'autre côté l'élite de ceux qui possédaient des ancêtres. En dépit de l'âge, de l'éloignement croissant dans le temps de la monarchie et de l'envahissante présence de la République, elle n'a jamais remis en cause les principes fondateurs d'une société aristocratique où la noblesse tient naturellement le haut d'un pavé que les manants sont chargés de balayer. En distinguant toutefois entre les titres acquis à l'époque de Godefroy de Bouillon, puis sous les quarante rois qui firent la France, enfin sous l'Empire, et tolérés parce que certains affichent déjà deux siècles d'ancienneté. Pour le reste – comtes du pape, anoblissement récent, particules inventées entre les deux guerres – elle n'a que mépris :

— Ces gens-là nous font un tort considérable en laissant croire que la noblesse s'achète et qu'il existe des transfusions de sang bleu.

Ne reçoivent de sa part un « carton » pour une réception ou un dîner que les authentiques pensionnaires du Gotha. Les autres – même et surtout richissimes – sont ignorés et snobés auxquels, lors d'une rencontre fortuite, elle se refuse à tendre sa main à baiser. Certes, elle reconnaît que les nobles d'aujourd'hui sont nés un tortil de baron ou une couronne ducale sur la tête mais elle insiste sur les nobles méritants qui, à toutes les époques où l'on faisait encore la guerre, se sont bien battus.

Postulant que seul un arbre généalogique permet d'avoir de la branche, elle analyse les blasons, dissèque les lignées, rappelle les alliances, dénonce les bâtardises. Son monde à elle n'est-il pas plus cohérent, plus homogène que cette démocratie vulgaire qui a fait de Versailles un musée après avoir coupé la tête d'un de ses derniers locataires ? Elle a épousé un marquis dont le titre – pur produit de l'Ancien Régime – atteste les lointaines origines. Ses frères et sœurs ne se sont pas davantage mésalliés. On chercherait en vain un roturier dans l'ensemble de ses cousinages.

Sa conversation se ressent de cette discrimination basique. Ses souvenirs aussi, semés de châteaux, pas tous en bon état mais historiques, d'équipages de chasse à courre, de mariages parfois dangereusement consanguins et de rallyes où les mères mettent à l'encan leurs grandes filles. Le reste ne relève que d'une humanité collatérale composée de fidèles serviteurs, de vieilles nounous qu'on va embrasser une fois l'an, de la valetaille encore en place avec majordomes, valets de pied pour les plus aisés, femmes de ménage trompe-misère pour les autres, petit peuple corvéable à merci, courbé par le respect qu'on doit aux seigneurs. Marie-Clotilde s'évertue à ce que ses enfants se montrent dignes du nom qu'ils portent. D'abord, par leurs prénoms – Arnold, Sybille, Gontran – qui n'ont pas été choisis dans le calendrier des Postes. Ensuite, par les établissements privés où ils pratiquent l'équitation, le tennis, accessoirement le français et les disciplines artistiques. Puis, par les fréquentations, très surveillées grâce à la question de confiance, préalable à toute invitation :

— Que faisaient sous Louis XIV les ancêtres de ton ami ?

Elle continue à concocter des unions assorties, célébrées fastueusement sous les tentes érigées dans le parc des châteaux après une messe dite par l'oncle de la mariée.

Marie-Clotilde n'en a pas moins du cœur. Ses œuvres, qui lui prennent pas mal de temps et un peu d'argent, ne tiennent aucun compte des classes sociales. Elle a montré beaucoup de courage lorsque « Père », le géniteur de son mari, est sorti pour sa dernière croisade, salué par les grandes orgues de Vézelay. Ce jour-là, Marie-Clotilde est parvenue à maîtriser son chagrin. Mais pas totalement sa joie de devenir – enfin – duchesse...

## Odette, la dame-pipi

Dans le grand restaurant où elle tient soucoupe, elle fait figure d'extraterrestre. D'abord parce qu'elle a renoncé très jeune aux fourneaux derrière lesquels elle aurait dû faire carrière, sous prétexte qu'elle ne supportait pas les odeurs de cuisine. Ensuite parce qu'on lui prête – et pas toujours à tort – une familiarité assez exceptionnelle avec les contemporains qui s'en viennent épancher leurs besoins naturels au creux des porcelaines dont elle est la vestale attentive :

— Les rapports humains, explique-t-elle volontiers, penchent naturellement vers la confidence dans toutes les activités professionnelles où les clients sont appelés à se déboutonner.

Il ne faut pas la pousser beaucoup pour qu'elle se pose en directrice de conscience. À l'entendre, des présidents, des ministres et des stars n'ont plus de secret pour elle. Quand ils ressortent – pas à l'entrée car ils sont alors généralement pressés – des alvéoles qu'elle nomme pudiquement « mes cabines » ou « les lieux » elle n'a pas son pareil pour déceler une angoisse, pour recoudre un bouton voire pour faire remarquer à un haut magistrat qu'il n'a pas sa tenue toute la dignité dont il fait preuve dans les prétoires. Elle est la première informée des prostates défaillantes, des constipations rebelles et – plus grave à ses yeux – des rétentions de pourboires.

Il n'existe pas plus de grands hommes pour une dame-pipi que pour un valet de chambre. N'a-t-elle pas secouru feu le duc de Windsor, un soir où, ayant abusé du champagne, il avait cru pouvoir en expulser les surplus sans ouvrir préalablement son pantalon ? Son livre d'or atteste ses belles fréquentations sinon l'inventivité poétique de ses pratiques. Certains visiteurs évoquent la qualité de l'accueil, d'autres se complaisent dans des détails très personnels. Tous louent l'urbanité de la maîtresse de maison qui sait entendre les appels de détresse et fermer l'oreille aux bruits physiologiques tant il est vrai que la vie intérieure l'intéresse plus que les fermentations internes. Dotée d'une formation de secouriste et équipée d'une pharmacopée rudimentaire, elle intervient dans les cas urgents, parfois imputables à certains mets préparés et servis à l'étage supérieur. Entre deux mictions, elle monte dans la salle, toujours ceinte de son tablier blanc, afin de passer à la ronde son panier de cigarettes et son coffret à cigares ou d'appliquer en catastrophe un produit détachant qui, généralement, restitue à une cravate ou à un corsage sa netteté originelle.

Fine mouche, douée de repartie et bonne psychologue, Odette n'en revendique pas moins la propreté – matérielle et morale – comme qualité principale. Les souillures disparaissent par miracle de ses vasques dans un jaillissement perpétuel d'eau bouillonnante servant d'excipient à de puissants détergents. Elle rêve d'offrir à ses amis et clients les ressources des toilettes japonaises où, tandis qu'on se soulage, une batterie de tests et d'examens s'effectue automatiquement. Sa vigilance s'étend à la surveillance des comportements. Malheur à ceux qui prétendraient la transformer en hôtelière de passe. Un jour où deux clients s'étaient enfermés dans la même cabine, elle a appelé la police qui a découvert qu'il s'agissait d'un grand malade accompagné...

Quand elle est seule, elle s'offre la *Petite Musique de nuit* de Mozart. Quitte à l'interrompre dès qu'un tiers apparaît depuis qu'un humoriste lui a reproché sérieusement de diffuser des musiques peu accordées aux rythmes de ses propres organes. Ainsi entend-elle justifier la devise-programme qu'elle a fait calligraphier – à ses frais – à l'entrée de son petit royaume : *Pour vos commodités.*

## Gracieuse, la mal embouchée

Gracieuse, qui porte un nom aristocratique et qui gîte dans les beaux quartiers, s'exprime comme la pire roture de la banlieue la plus déshéritée. C'est son choix, c'est sa coquetterie, c'est sa suprême élégance. Encore jeune fille, elle s'exprimait déjà comme un homme. L'âge ne l'a pas arrangée qui, par exemple, lui fait évoquer les délicatesses de l'amour à l'aide des vocables les plus crus et des métaphores les plus ordurières. Sa vie affective s'en est ressentie où sont entrés et sortis des amants à l'éducation restreinte et au vocabulaire étendu. Bref, Gracieuse ne l'est pas du tout qui parle sans décoller son mégot des lèvres, qui arrose son époisses au gros rouge, qui prétend se passionner pour le rugby et la boxe. Quand elle se plaint d'être « mal baisée », on a envie de lui dire que si elle était mieux lavée, sa vie sexuelle serait sans doute plus satisfaisante. Mais l'on garde pour soi ses pertinentes remarques sachant qu'à la moindre contradiction on héritera d'un « ta gueule, minable ! » dénué de convivialité.

En fait, Gracieuse a résolu très tôt de choquer la classe privilégiée dont elle était issue et de provoquer ses contemporains en affichant les opinions toujours iconoclastes d'une femme bien dans ses baskets trouées et mal dans sa peau. D'où son goût pour le paradoxe qui la pousse à soutenir que son buraliste est le personnage majeur de la mythologie contemporaine et qu'il faut boire le plus possible afin de « pisser ses préjugés ». Sa rhétorique personnelle, simpliste et virile, s'articule autour de deux mots-clés : les « cons » qui désignent les autres et « mon cul » qui fait référence à sa propre personne. Quand on l'invitait encore dans les dîners en ville, elle débinait le repas dès l'entrée et les convives au plat de résistance. Pas fâchée au demeurant des réactions de rejet qu'elle suscite, ravie, assure-t-elle, de se retrouver de plus en plus seule avec un vieux chien qui ne sent pas meilleur qu'elle.

D'anciens amis, qu'elle a contraints à rompre des ponts sous lesquels ne coulaient que des fleuves d'immondices, lui ont conseillé de s'occuper de clochards avec lesquels elle aurait partagé sa dilection pour les bagarres et les beuveries. En vain. Non seulement Gracieuse ne possède pas la fibre caritative mais encore elle refuse de payer de sa personne dès lors que ses excès de langage ne risquent plus de susciter la surprise, la colère et la haine. Elle se désespère de ne plus s'offrir de belles fâcheries, faute d'interlocuteur. Pour garder la forme, elle injurie le releveur du gaz, le facteur, la gardienne de l'immeuble et les contractuelles qui l'invitent à traverser dans les clous.

Sa famille s'est éloignée à jamais. Elle ne voit plus son fils unique depuis qu'invitée par lui dans un grand restaurant pour son anniversaire, elle a essayé de monter sur une table afin d'enseigner aux convives stupéfiés comment on dansait le boogie dans sa jeunesse. Elle finira sa putain de vie avec le même soulagement que ceux qui la verront partir, ravie de quitter un grand bordel qui n'a pas su lui offrir la place à laquelle son caractère exceptionnel lui donnait droit. Prévoyante, elle a acheté une concession de dix ans (« La perpétuité fait rigoler les asticots ») en jouissant de l'étonnement du marbrier auquel elle ordonnait de graver sur une dalle qu'elle souhaitait en pente, « comme l'autre », cette simple inscription résumant son cursus sur la terre avant qu'elle se retrouve dessous : *Ci-gît une connasse de moins.*

## SOLANGE, L'ANGÉLIQUE

Elle est tellement bonne, comme le bon pain, qu'elle s'avoue incapable d'imaginer le mal, la malhonnêteté, la méchanceté. Triple lacune qui lui vaut bien des mauvaises surprises. Mais Solange, la bien prénommée, tient à son angélisme, fût-il quotidiennement bafoué par toutes les apparences. Ses arguments constituent un festival d'optimisme. À l'entendre la guerre n'est jamais déclarée que par quelques excités mais le peuple, jusqu'à ce qu'on lui distribue des uniformes et des armes, est profondément pacifiste. Les catastrophes naturelles sont rarissimes. Les crashs et les déraillements ne sont que des regrettables exceptions qui confirment la règle sécuritaire. Le vol est une tentative de réappropriation. Le viol s'explique par la surchauffe sexuelle qu'entretiennent les médias. Les crimes relèvent de la violence maladroite. Il n'est pas jusqu'à la délinquance en col blanc qui ne rassure Solange car elle prouve, selon elle, que les malfrats font de louables efforts d'habillement.

Dans la vie quotidienne, elle applique à la lettre sa théorie. Ainsi a-t-elle refusé de déposer une plainte après un cambriolage avec effraction en arguant que des voisins avaient dû se tromper de porte. La montre disparue du même coup a été déclarée égarée ou perdue. Gustave, son mari, la trompe-t-il effrontément avec sa meilleure amie ?

Elle rappelle que l'amour consiste à regarder dans la même direction et donc à voir les mêmes gens. Ses enfants se droguent-ils ? Ils ne consomment que des produits naturels. Dans la foulée, Solange exalte toutes les supposées bonnes actions remarquées çà et là : le relèvement du SMIC ; une remise de décoration ; un prix littéraire ; une loi sociale ; une élection méritée. Certes, sa verve est molle et son vocabulaire limité mais elle est fière qu'on dise d'elle que, non seulement elle ne ferait pas battre des montagnes, mais encore que si elle les avait connus, elle aurait réconcilié Abel et Caïn.

Son parcours personnel est semé de bonnes œuvres dont les bénéficiaires lui manifestent plutôt animosité que reconnaissance. Elle n'en a cure : les malheureux cachent par pudeur leurs bons sentiments. Mais un bienfait n'est jamais perdu. Méconnu ici-bas, il sera récompensé là-haut. Car Solange, comme son prénom l'indique aussi, croit éperdument au paradis. Elle adore Dieu, vénère ses saints, voue un culte particulier au Christ et annonce régulièrement la fermeture de l'enfer pour manque de pratiques ainsi que la déroute de Satan, vaincu par la bonté et par l'indulgence. Ses amis, triés sur le volet de la solidarité et de la tolérance, font chorus qui prônent le pardon des offenses et pratiquent aussi couramment la charité que d'autres la médisance. Solange, elle, ne se vante même pas de n'avoir jamais dit du mal de personne tant l'idée de pouvoir agir différemment ne l'a pas effleurée. Pour prouver que la lutte des classes n'existe pas, elle a imaginé d'aller dîner tous les trimestres à la cuisine avec son personnel. Ces soirs-là, que ledit personnel redoute, tout le monde doit s'appeler par son prénom. Au départ, une superbe idée sociale. À l'arrivée, un beau fiasco de la démocratie bourgeoise. Dans son cocon déconnecté de la réalité sordide, elle est heureuse. Pleinement épanouie. Parce que l'atmosphère d'innocence forcenée qu'elle distille autour d'elle lui convient, Gustave a cessé d'acheter des journaux et n'allume la télévision que pour suivre les émissions humanitaires. Il a parfois songé à divorcer pour vivre avec d'autres femmes moins gentilles mais plus amusantes. La pensée de faire s'écrouler le petit monde serein de Solange l'en a dissuadé. Mais bon, ce n'est pas parce qu'on a épousé une perle qu'on ne doit pas essayer d'autres colliers. Tout au plus a-t-il repris à son compte, après un unique adultère identifié, la belle devise-programme de Solange : « Ne pas faire de peine. » Il n'en fait plus, prenant des précautions de Sioux pour travestir ses frasques en dîners d'affaires et en voyages d'études. Ainsi l'infortunée et bienheureuse Solange est-elle une femme deux fois trompée : par son mari et par l'idée qu'elle s'en fait.

## Lio, la fleur bleue

Les galants qui l'assaillent comprennent vite qu'ils ne trouveront le chemin de son cœur qu'en dînant aux chandelles et après être passés chez le fleuriste. Car, avec Lio, qui veut la fin habituelle doit choisir les moyens d'un autre temps. D'où une règle du jeu que refusent les machos et les impatients. Trois mois de cour avant d'avoir accès au jardin ? Vous n'y pensez pas ! La vie est trop courte et les femmes plus faciles sont trop nombreuses pour que les soupirants retiennent aussi longtemps leur souffle. D'autant que Lio n'impose pas seulement des délais. Elle exige également des formes. Par le geste et par la parole, les galants doivent seulement effleurer l'essentiel : contacts physiques limités pendant un grand mois au baiser sur la joue et conversations qui se gardent d'aborder le fond du sujet. Lio réclame d'être « mise en condition » par de la musique douce, par de petits cadeaux, par des poèmes dont le joyau demeure, après un siècle d'accélération des mœurs, le fameux « Je t'aime un peu plus qu'hier, un peu moins que demain », de Rosemonde Gérard, la veuve d'Edmond Rostand.

Lio se montre de surcroît sensible aux lumières et aux panoramas. L'escapade à Venise (deux chambres séparées) précédée par le voyage en Simplon-Orient-Express (deux compartiments distincts) constitue le passage obligé. Les amateurs de couchers de soleil ont leur chance. Les autres sont priés de ne pas se déshabiller. Gare à l'obsédé qui parlerait des films X plutôt que de la collection Harlequin. Lio en est restée à la civilité puérile et honnête d'une époque qu'elle n'a pas connue. L'amour, prétend-elle, est à l'image de la vie. On sait de quelle façon ça se termine mais rien n'empêche de choisir et de soigner les étapes intermédiaires.

La méthode n'est pas infaillible : en vingt années de pratique, Lio a vu fuir des hommes qui lui plaisaient et parvenir à leurs fins des hommes qui l'attiraient moins mais qui s'étaient pliés à cette course d'obstacles jalonnée de concerts classiques et de promenades romantiques. Quand elle accepte – enfin – une concrétisation virile des hommages, la partie n'est pas gagnée pour autant. Car la belle quadragénaire souhaite être traitée comme une jeune vierge dans le mutisme et dans l'obscurité au cours d'une étreinte sans excès et sans fantaisie. Même à ce stade, elle assimile la recherche avouée d'un plaisir à une intolérable privauté.

Lorsqu'il a obtenu ce qu'il souhaitait, le suborneur ne doit pas dételer. La conquête selon Lio est à recommencer chaque soir et à consolider chaque matin. Un mot osé, un geste précis, une caresse intime sont autant de casus belli. Lio est née dans une fleur bleue, elle mourra dans une gerbe d'orchidées, persuadée que la meilleure position de l'amour est illustrée par un homme écroulé à ses genoux. On la surprendrait bien en lui murmurant à l'oreille que son sentimentalisme confine à la pruderie et que sa réserve s'explique peut-être par sa frigidité. La vérité n'est pas facile à établir : Lio est tout à fait capable de dissimuler son plaisir avec le soin qu'elle apporte à cacher son anatomie. Secrète et pudique, Lio n'aura eu ni gynécologue ni enfant. Elle se sera contentée du chiche destin de celles qui préfèrent ouvrir les yeux plutôt que les jambes.

## Émilienne, la revêche

Où est-elle allée chercher que la seule façon d'exister était d'avoir du caractère et qu'on ne pouvait posséder un caractère digne de ce nom que mauvais ? Sans doute dans l'observation d'autres femmes du monde aussi titrées et pas plus aimables qu'elle.

Émilienne est gaullienne qui répartit équitablement entre des contemporains, estimés transparents en dépit de leurs zones d'ombre, les marques d'une mauvaise humeur chronique qu'expliquent peut-être de douloureux maux d'estomac (« Elle n'a jamais digéré la Révolution », diagnostique le médecin de famille). Émilienne n'est pas aimable. Qui veut l'aimer doit la prendre comme telle. Revêche, elle l'était déjà au berceau à l'égard d'une parentèle affectueuse. Depuis, les hommes qui l'ont trahie et les domestiques qui l'ont volée n'ont rien arrangé. Non seulement son visage ignore le sourire mais un mot essentiel se refuse à franchir ses lèvres : « merci ». Elle ne remercie jamais personne. Non qu'elle considère comme un dû les cadeaux ou les dévouements qu'on lui offre mais la démarche visant à exprimer la reconnaissance lui semble procéder de la plus détestable vulgarité. Si l'on ajoute qu'elle ne profère pas plus volontiers « bonjour » ou « au revoir », on comprend que ses rapports sociaux sont limités.

Quand on lui présente quelqu'un ou bien elle ne dit rien ou bien elle grogne. Son visage trahit immédiatement l'ennui que toute rencontre lui inspire. Elle évite de toucher la main d'un contemporain ou retire prestement la sienne avec un air de dégoût si elle n'a pas pu échapper au contact. Ses trois enfants (dont l'aîné a dépassé trente ans) affirment qu'elle ne les a jamais embrassés. Elle use de la même circonspection labiale à l'égard de ses petits-enfants. On ne saurait affirmer pour autant qu'elle n'aime personne car elle ne fuit pas toutes les compagnies. Mais elle se refuse à la politesse ordinaire qu'elle tient pour le masque de l'hypocrisie.

Naturellement, Émilienne se mêle peu aux conversations qui se tiennent à sa table ou dans son salon. Sa stratégie verbale est simple : elle n'adresse la parole à personne et ne répond pas aux propos qui lui sont adressés. Au début, cela surprend mais l'on s'y fait, sachant qu'on ne risque pas « d'avoir des mots » avec quelqu'un qui les économise autant. Quand elle a besoin de quelque chose, elle se contente d'esquisser un geste impérieux que ses familiers comprennent et traduisent à l'usage des non-initiés. Lorsque l'entretien lui déplaît, son visage, qui n'est jamais ouvert, se ferme davantage. Elle ne prend de nouvelles de personne – présent ou absent – pas plus qu'elle ne donne des siennes, ne voulant pas entrer dans le jeu dérisoire des propos oiseux. Devant une personnalité très importante, elle ne se met pas plus en frais, se contentant de hocher gravement la tête avec l'air entendu des sourds ayant fermé leurs pavillons. Ce qui lui vaut une réputation de modestie. C'est un cousin de son défunt mari, pas très bien embouché, qui en brosse le portrait le plus fidèle :

— Émilienne, on ne peut pas dire qu'elle la ramène !...

Les gens placés à sa droite ou à sa gauche dans un dîner sont d'abord consternés. Ensuite ils prennent leur parti de son complet mutisme et bavardent avec leur vis-à-vis. Assiste-t-elle à un mariage ? Les jeunes époux attendent en vain ses vœux de bonheur. À l'issue d'une cérémonie d'enterrement, elle est la seule qui part avant le défunt afin d'échapper au rituel des condoléances. Aucune innocence, nulle beauté ne trouvent grâce à ses yeux. On ne lui connaît pas plus de fâcheries que d'amitiés. Elle avance dans la vie, droite dans ses escarpins, à cheval sur son arbre généalogique, figée dans des certitudes qu'elle n'entend pas partager avec autrui. Bien malin qui pourrait savoir si elle est malheureuse. Elle vit sur une autre planète, seule avec elle-même, c'est-à-dire en excellente compagnie. Nul doute qu'elle disparaisse aussi discrètement qu'elle a vécu et après avoir semblé, durant toute son existence, porter son propre deuil.

## Marie-Laure, la vierge pas timide

À trente-cinq ans, Marie-Laure peut à bon droit se targuer d'être toujours jeune fille. En expliquant qu'elle « réserve sa fleur » à l'homme de sa vie qu'elle n'a pas encore rencontré et qu'elle attend en trompant ses pulsions avec des amants de passage. À ces derniers, Marie-Laure accorde tous les intérêts de son petit capital à condition qu'ils renoncent à toucher le principal. À force de refuser de faire l'amour, elle est devenue une amoureuse très experte qui pousse le flirt jusqu'à ses plus extrêmes limites. Son efficacité incite à se demander si le mariage ne serait pas, dans son cas, une fausse solution qui risquerait de faire le malheur d'un seul homme alors qu'elle est attelée au bonheur de plusieurs.

En n'allant jamais à l'essentiel du déduit et en ayant réduit l'acte amoureux à ses prémices, Marie-Laure a dédramatisé l'acte sexuel. Rien n'est grave ni important dès lors qu'on s'arrête en chemin. Ainsi fait-elle bénéficier de ses privautés le tout-venant, persuadée que les simulacres n'engagent à rien. Éternelle fiancée qui retarde sans cesse la nuit de noces, Marie-Laure siffle les adolescents dans la rue, provoque le facteur et le plombier en les accueillant en déshabillé coquin et sacrifie volontiers à la technique dite de « la main à la pâte » qui lui fait débusquer les émois les plus secrets sous les textiles les plus épais.

Sans doute plus large d'esprit que de comportement, la vierge éternelle et peu farouche n'en juge pas moins sévèrement l'amour physique mené jusqu'à son terme normal : l'acte complet tue l'imagination, détruit le fantasme et surtout – reproche majeur – interrompt les inclinations puisque les partenaires assouvis n'ont, par définition, plus rien à désirer. Alors que le flirt, bande-annonce de la liaison, promet tout ce qu'il ne donne pas.

Pour l'heure, Marie-Laure est heureuse. Heureuse de profiter du début des libertés que la morale autorise mais dont la nature sanctionne souvent l'aboutissement. N'a-t-elle pas, jusqu'à présent, évité les maladies et les grossesses ? Une seule ombre à son tableau de chasse lui gâte parfois son bonheur : elle n'a jamais gardé aucun homme plus de trois mois. Enfin, circonstance aggravante, elle est généralement quittée, pour des femmes moins belles, moins désirables, moins sensuelles, moins intelligentes mais qui acceptent cet indispensable qu'elle s'obstine à proclamer superflu.

## Germaine, la veuve joyeuse et inconsolable

Elle n'a commencé à apprécier Rodolphe, son mari, qu'au lendemain de sa mort. Jusque-là, elle le considérait comme un minable, un moins-que-rien, un ectoplasme, un zombie. Et s'attribuait une auréole de sainte pour supporter un tel individu. Ce n'est pas le chagrin ou une plus juste estimation des vertus du défunt qui l'a fait changer d'avis mais, dans le sillage d'un concert d'éloges funèbres, l'espoir de partager une renommée en redorant son blason d'épouse. Sublimé par sa disparition, le *de cujus* qui ne s'était guère fait remarquer de son vivant que par la platitude de poèmes publiés à compte d'auteur, a attendu quatre-vingts ans pour devenir – à titre posthume – un écrivain majeur quoique toujours pas lu. Le jour de ses obsèques, Germaine s'était montrée très avisée en demandant au curé de sa paroisse l'autorisation de lire avant l'absoute quelques strophes tombées de la plume de Rodolphe. Le texte était sans intérêt, la voix parut mauvaise mais l'intention fut jugée émouvante et valut à Germaine une charge de gardienne du temple qu'elle assume désormais en toutes occasions, faisant visiter le bureau de son grand homme, organisant des hommages réunissant d'autres rimeurs guère plus doués, célébrant les anniversaires de sa mort et intentant un procès au rédacteur d'un périodique sarcastique qui avait inopportunément déploré que l'auteur de si nombreuses plaquettes fût emporté par une leucémie.

Promues au rang de celles que, dans une délicieuse comédie en vers, André Roussin avait surnommées « Les Glorieuses », ces veuves abusives, drapées pour l'éternité dans le deuil triomphant d'un époux rappelé à Dieu, Germaine s'est enfin épanouie, révélée à elle-même et aux autres. Ayant enterré le même jour son conjoint et sa vie d'épouse, elle a résolu d'être à la fois une veuve inconsolable et une veuve joyeuse. Gageure réussie. À certaines heures et en compagnie de certaines personnes, Germaine n'en finit pas de chanter les laudes du regretté poète. À d'autres heures et en compagnie différente, elle prend du bon temps. Le magot hérité se transforme alors en croisières, repas fins, bonnes bouteilles. Elle a changé de voiture et elle a osé entrer pour la première fois chez un grand couturier. Elle court les expositions, elle va au théâtre et elle réunit volontiers des amis dans un appartement dont elle regrette que le salon soit désormais trop petit et la chambre à coucher trop grande. Certains sexagénaires lui font parfois les yeux doux. Si l'on excepte un léger flirt sans lendemain, Germaine n'en a cure. Le manque d'appétence sexuelle de Rodolphe lui avait fait depuis longtemps « fermer le portillon ». Elle ne le rouvrira pas, bien que parfois lui pèse une solitude qu'elle trompe avec le bridge, les voyages et les mondanités.

Pour l'heure, son grand projet, entre une thalassothérapie et une première de théâtre, réside dans la pose d'une plaque de marbre sur le mur de l'école communale de Châtillon-sur-Chalaronne où Rodolphe traça ses premiers bâtons. Elle a essayé plusieurs fois – mais toujours en vain – de parcourir les œuvres du sublimé. Peine perdue. Ces minces bouquins lui sortent des yeux et lui tombent des mains. Elle en a conçu un certain désappointement dont elle s'est ouverte à un vieux confrère de Rodolphe, obstiné du sonnet, acharné de l'alexandrin, également ignoré par la critique littéraire mais qui a su trouver les mots pour la réconforter :

— Chère Germaine, les seuls écrivains dont la réputation posthume dépasse la notoriété anthume sont ceux qu'on n'a jamais lus et qui sont souvent illisibles.

Et d'expliquer sans rire qu'un siècle après la mort d'un génie méconnu, les raisons de ne pas entrouvrir ses livres sont toujours intactes alors que tant d'ex-auteurs à la mode, devenus démodés, finissent au purgatoire des petits bouquinistes sur les quais de la Seine.

Germaine émerge rassérénée de cette forêt de paradoxes avec la certitude qu'en survivant à Rodolphe, elle a réussi sa vie.

## Linda, la femme enfant

Lorsqu'elle mourra, sans doute centenaire, on pourra graver sur sa pierre tombale qu'elle eut toujours dix ans d'âge mental. Née femme et demeurée enfant, Linda aura confondu, durant toute son existence, gamineries attardées et éternelle jeunesse. À quatre ans, elle refusait d'articuler des phrases cohérentes, se contentant des « areu areu » qui forment l'essentiel du dialogue entre adultes et nourrissons. À douze ans, elle suçait encore son pouce. À quinze, elle se réfugiait toujours sous les jupons de sa maman. À vingt ans, vêtue d'une barboteuse, elle passait son temps devant les dessins animés de la télévision. Ses parents, après une période d'inquiétude, avaient choisi d'encourager ce comportement qui leur garantissait implicitement le maintien de liens étroits avec leur fille unique.

Sans diplôme, sans métier, sans ambition professionnelle, Linda qui était joliment tournée rencontra Georges, le fils d'amis de la famille. Le mariage donna lieu à une étrange cérémonie qui ne permit pas aux invités de distinguer, au premier coup d'œil, la nouvelle épousée de ses demoiselles d'honneur. Les plus gentils convinrent qu'elle faisait étonnamment jeune, les plus méchants susurrèrent que le mari devait être un peu pédophile.

Comme chacun tenait son rôle à merveille, le ménage fonctionna bien. Linda jouait à la poupée en attendant que Georges rentre du bureau. Une domestique dévouée servait de nurse à la femme-enfant qui, enfin alphabétisée, dévorait des romans à l'eau de rose. Profitant du jardin de la maison, elle jouait au cerceau et à la marelle. Bien avant de connaître les joies de la maternité, elle avait imaginé d'appeler Georges « papa ». Il se prêtait au jeu, ayant pris goût très vite au simulacre incestueux et offrant à sa « fifille » à chacun de ses anniversaires un cadeau selon ses vœux. C'est-à-dire la dînette ou les habits de poupée qui, inspirés par un univers miniaturisé et imaginaire, lui permettaient de continuer à se couper du monde réel. Trois enfants nés en cinq ans ne changèrent en rien les marottes de Linda qui vit en eux moins une progéniture que des compagnons de jeux.

Sa conversation était aussi navrante que fraîche. Certes, elle avait accédé au langage articulé et son vocabulaire s'était enrichi. Mais elle préférait exprimer ses sentiments en battant des mains ou en tapant du pied. Georges lui répondait sur le même ton en roulant des yeux furibards ou en lui caressant les cheveux qu'elle gardait longs comme une traîne de mariée. Elle surprenait les rares visiteurs en se jetant à leur cou avant de s'asseoir sans façon sur leurs genoux. Ses loisirs étaient à l'unisson : films conseillés aux moins de douze ans ; parcs d'attractions ; fêtes foraines. Elle donnait l'impression d'être heureuse à force d'inconscience, autiste sociale, pleurant seulement quand on ne lui avait pas servi son dessert favori. Suroccupée par l'oisiveté infantile, elle attendait avec impatience le moment où « Dada retrouvait Jojo ». Lorsque Georges s'éteignit vers soixante-dix ans, elle fit emplette d'une minijupe noire et insista pour que, sur le faire-part de deuil, son nom figurât au milieu de ceux des descendants.

Aux dernières nouvelles, elle a cessé d'être la sœur de ses filles pour devenir celle de ses petits-enfants.

# Marianne, la jalouse

Marianne n'est pas envieuse. Peu lui chaut le bonheur des autres. Et si elle est aussi jalouse, c'est qu'elle ne supporte pas l'idée qu'on pourrait faire des cornes au joli livre d'or de son bonheur personnel. Un bonheur qui, depuis vingt ans, se prénomme Jacques. C'est le jour de leur mariage qu'elle a contracté le méchant virus en voyant Jacques dévisager, plus longuement qu'il n'eût été convenable, la jeune femme préposée à la signature du registre d'état civil. Un peu plus tard, dans l'auberge où avait lieu le repas de noces, elle s'est imaginé qu'il ne cessait de regarder une servante, accorte et pas farouche.

Depuis ce jour où ils s'étaient juré une fidélité réciproque, la suspicion de l'infidélité ne l'a jamais quittée. Ouvre-t-il une lettre sans la lui montrer ? C'est une créature qui le relance. S'habille-t-il avec plus de soin qu'à l'accoutumée ? Il court vers un rendez-vous galant. Lui offre-t-il des fleurs ? C'est pour se faire pardonner. Quoi ? Elle est incapable de préciser. Il s'agit d'une impression à la fois diffuse mais récurrente qui ne lui laisse nul repos et qui se fonde sur le postulat que toutes les femmes doivent être, comme elle, amoureuses de Jacques. Répond-il à leurs avances ? Mystère.

Quand il s'éloigne, elle lui fait les poches à la recherche d'une preuve qu'elle se languit autant de ne point trouver qu'elle se désespérerait si, d'aventure, elle mettait la main dessus. La nuit, pendant qu'il dort, elle examine son agenda, scrute son courrier. Le jour, elle se précipite, dès la première sonnerie, pour décrocher le téléphone. Une fois, une seule, mais elle ne l'a pas oublié, il a répondu avant qu'elle puisse se saisir du combiné, entamant sur un ton volontairement neutre une conversation trop impersonnelle pour être honnête. À sa question : « Qui était-ce ? », il a répondu avec un feint détachement : « Tu ne connais pas », renforçant ainsi ses soupçons avant de changer – trop vite – de sujet.

Quand ses fonctions d'ingénieur l'appellent en province ou à l'étranger, elle ne vit plus et ne craint pas de l'appeler, toutes les heures et sous les motifs les plus spécieux, sur son portable. Cent détails, notés sur l'instant et répertoriés à jamais, lui laissent à penser que Jacques, avec d'infinies précautions, la délaisse : une cravate neuve qu'il prétend avoir achetée lui-même sur un coup de cœur qu'elle imagine partagé ; un cheveu blond qui, sous le microscope, se révèle être un poil de teckel, mais provenant à l'évidence du chien d'une brune du quartier qui lui semble menacer, depuis longtemps, son monopole conjugal ; un léger parfum inconnu qu'il tente d'occulter en abusant de sa propre eau de toilette ; sa voix qui, tout à coup, change de tonalité quand, pour expliquer un retard ou pour motiver une absence, il évoque des mauvais prétextes en forme de séminaire, de dîner impromptu avec son patron ou de rencontre avec un ami de jeunesse. Elle n'est dupe de rien. Ni de ses prévenances appuyées après de longues périodes durant lesquelles il n'a plus semblé la voir. Ni d'une certaine lassitude sexuelle, toujours imputée à des facteurs extérieurs (soucis, fatigue, santé) et jamais à la vraie raison qui, pense-t-elle, réside dans le fait qu'il dépense ses ardeurs ailleurs.

Au point qu'elle a rompu avec ses amies les plus charmantes pour diminuer les risques.

Le pire est qu'elle n'ose pas lui parler de ses inquiétudes, se bornant à des réflexions voilées sur la faiblesse de la chair et l'inconstance des hommes. Situation sans issue. Comment Jacques se justifierait-il auprès de Marianne d'accusations demeurées implicites ? Leurs silences respectifs aggravent le malaise. Rongée par un doute plus douloureux qu'une certitude qui, paradoxalement, la rassurerait sur la justesse de ses observations, Marianne s'aigrit, se dessèche et dépérit. Elle a perdu sinon encore son mari du moins déjà sa joie de vivre, son éclat et cette appétence pour le plaisir qui avait formé puis soudé leur couple. Il n'est pas exclu que si Marianne ne se reprend pas, Jacques la trompe enfin.

## Sophie, la grand-mère

Elle a été une bonne mère. Elle est une grand-mère meilleure encore. À la fois aïeule et maman. Prête à tous les dévouements et disposée à tous les pardons. Ses petits-enfants ont beau être de plus en plus nombreux, elle trouve toujours le moyen de s'occuper autant de chacun. Elle les lange, elle les câline, elle les nourrit puis elle leur raconte des histoires, elle les traîne dans des musées, elle surveille leurs lectures. Si elle a un préféré, elle le cache bien. Certes, le dernier admis dans le club bénéficie, durant quelques jours, d'une attention plus grande mais sans qu'elle néglige les autres que les parents débordés ou peu conscients de leurs devoirs perdent un peu de vue. Et tout cela sans jamais souhaiter détourner « ses petits » des auteurs de leurs jours. Elle ne prétend remplacer personne. Elle souhaite seulement suppléer ceux qui n'ont pas autant de loisirs ni de patience qu'elle. Les parents de ses petits-enfants savent qu'ils peuvent lui confier leur progéniture pour un déjeuner, pour un dîner, pour un week-end, pour des vacances. Et qu'elle n'exigera en échange que des baisers mouillés, arrachés à ses petits entre deux jeux vidéo.

Sans doute n'a-t-elle pas fait pour ses enfants tout ce qu'elle consent à ses petits-enfants. Mais à l'époque ses centres d'intérêts étaient encore multiples. Il lui fallait mener en même temps que son existence de mère, une vie de femme, une vie d'épouse, une vie mondaine et une vie professionnelle. Aujourd'hui, « la mamie », qui se fait plus volontiers appeler par son prénom ou par son diminutif que « mémère », a tout son temps. Parfois elle peste qu'on abuse de sa bonté mais elle est tellement contente d'être redevenue mère sans passer par la grossesse, de découvrir les nouvelles générations qui montent (se coucher comme le vitupère l'un de ses petits, jamais d'accord sur l'heure du sommeil) et de se rendre utile, voire indispensable, qu'elle est volontaire pour toutes ces corvées que constituent la surveillance du transit intestinal, l'escalade de la tour Eiffel, la première rentrée des classes, les vaccinations, les angines, les séances du dentiste. Toutes charges qui attestent qu'en dépit d'une idée reçue solidement installée les grands-parents n'ont pas droit qu'aux bons moments de leur descendance.

Grand-mère moderne, Sophie a remplacé le face-à-main par des lentilles de contact, pilote avec maestria son 4 x 4 et est capable de tenir debout sur des rollers. Quand Sophie s'accorde un léger répit, c'est pour retrouver d'autres grand-mères avec lesquelles elle confronte son expérience. Chacune égrène alors ses « mots d'enfants », boutades authentiques ou apocryphes, dont certaines semblent établir que le génie et l'innocence peuvent aller de pair.

Elle prend sa part des ennuis inhérents à l'élevage des enfants mais refuse de participer aux grandes décisions qui les concernent au nom de son statut de super nourrice. Elle redoute la puberté qui éloigne les adolescents en train d'accéder à la dignité d'adulte. Dieu merci, la nature fait bien les choses qui, chaque fois qu'elle perd un petit devenu grand, voit se produire une nouvelle naissance. Ainsi a-t-elle déjà fiancé ou marié trois de ses petits dont l'un n'avait pas attendu la cérémonie pour lui offrir un arrière-petit-enfant qu'on ne lui confie pas encore. Alertée par quelques histoires pénibles survenues à des amies plus âgées qu'elle, elle se demande souvent avec angoisse si, lorsqu'elle aura rejoint, diminuée et percluse, la maison de retraite qui sert de dressing à seniors, ces filles et ces garçons qu'elle a torchés et bercés se souviendront suffisamment de ses bons soins pour lui prodiguer les leurs.

## Micheline, la secrétaire particulière

Au titre de secrétaire, elle préfère celui, qu'elle juge plus gratifiant et plus exact, d'assistante. C'est-à-dire de quelqu'un qui assiste, aux deux principales acceptions du verbe. Elle est aussi une épouse morganatique si l'on compare le nombre d'heures passées avec son conjoint et l'omniprésence auprès d'un patron, dont elle s'accommode des trois défauts inhérents au genre que sont l'impatience, la mauvaise foi et l'égocentrisme. Si le couple secrétaire-patron fonctionne aussi bien c'est que l'une et l'autre ont connu précédemment des unions moins satisfaisantes. Elle avec un goujat qui avait fait fortune dans les fruits et légumes, lui avec une paresseuse non sténo qui enterrait sa grand-mère deux fois l'an et oubliait de se réveiller chaque lundi matin.

Micheline et son boss s'entendent. Elle sait tout de lui, en tout cas infiniment plus que sa femme légitime, et n'en souffle mot à quiconque. Moyennant quoi il consent à ne rien savoir d'elle, pas mécontent au fond d'ignorer les péripéties et détails qui pourraient laisser à penser qu'elle a une vie en dehors de son travail, et qu'en le quittant à la fin de la journée, elle retrouve un autre homme avec lequel elle passe la nuit. Il ne lui parle pas plus de cet homme-là dont il veut ignorer jusqu'au prénom qu'elle n'évoque les amies qui lui laissent des messages ou pour lesquelles elle réserve des billets d'avion. Ces deux-là se frôlent, marivaudent, plaisantent mais sans plus, peut-être conscients qu'il est plus facile de trouver un conjoint présentable ou une partenaire satisfaisante qu'un bon patron ou une excellente secrétaire.

Une confiance s'est peu à peu instaurée qui autorise Micheline à mettre son grain de sel qu'elle a naturellement attique dans le courrier, dans les factures, dans les comptes en banque, voire dans certaines décisions dont elle croit – à raison – détenir les paramètres. Elle se sait écoutée, entendue, appréciée. Il se sent compris, soutenu, supporté. Que demander de plus de part et d'autre ? Rien de mieux en tout cas qui risquerait de rompre un si bel équilibre. Il l'a choisie assez jeune pour qu'elle ne prenne pas sa retraite avant lui. Elle l'a accepté assez vieux pour que la différence d'âge lui impose un respect que n'inspirent pas les êtres qu'on connaît trop. Elle ne perd pas une occasion de se plaindre des collègues qui ont fini par épouser le ministre ou le P-DG dont elles étaient les confidentes. Les pauvres : elles ont trouvé un mari mais elles ont perdu un emploi. Sachant que leur époux, qui a dû se doter d'une nouvelle secrétaire, lui refera peut-être le coup du séminaire de deux jours en province dont la première soirée avait vu le soudain élargissement de leurs attributions.

Pour l'heure, Micheline, qui gagne bien sa vie dans l'absolu mais moins bien par rapport à ce qu'elle fait gagner à son patron, trie, répond, classe, archive, compare. Aussi capable de faire sa religion sur un point délicat de syntaxe que de préciser le nom de la petite blonde que, voilà cinq ans, il avait emmenée en Allemagne. Elle l'a vu rire et pleurer. Elle l'a entendu vociférer, trahir sa parole. Elle a subi ses reproches injustifiés. Elle a répondu cent fois au téléphone qu'il était en voyage au bout du monde alors qu'il somnolait dans le bureau voisin. Elle continue à s'étonner qu'une telle force s'appuie sur tant de faiblesses. L'autre jour, avant qu'elle ne parte en vacances, il lui a baisé le bout des doigts en murmurant :

— Il m'arrive de me souvenir que mon bras droit a une main.

Elle a aimé la formule. Que serait le patron sans elle ? Un manchot doublé d'un amnésique.

## NADIA, LA « ALORS JE LUI AI DIT... »

Dans la vie courante, Nadia est charmante. À son corps défendant, se reproche-t-elle, parce qu'elle manque de caractère. Aussi a-t-elle résolu de donner d'elle, lorsqu'elle relate ses contacts sociaux, une tout autre image. Naturellement timide et foncièrement dotée d'une urbanité exquise, elle se représente, après coup, comme une poissarde qui n'a pas peur de river son clou à tout le monde et d'asséner leurs quatre vérités aux goujats, aux demeurés et aux puissants de ce monde qui sont souvent les mêmes. D'où une série de leitmotivs aussi orduriers qu'invraisemblables dont, emportée par une fougue purement verbale, elle est la première dupe :

— Alors je lui ai dit : « Est-ce que vous ne me prenez pas pour une grosse conne ? » (Elle pèse cinquante kilos.)

— Alors je lui ai dit « Allez vous faire mettre chez les Grecs ! » (Elle communique rarement les bonnes adresses.)

— Alors je lui ai dit : « C'est la première fois que je vois un étron en complet veston. J'aimerais marcher sur vous. Ça doit porter bonheur ! » (La scatologie l'insupporte sur d'autres lèvres que les siennes...)

— Alors je lui ai dit : « Si vous continuez je vais vous foutre ma main sur la figure ! » (Elle ne ferait pas de mal à une mouche.)

— Alors je lui ai dit : « Vous êtes un salaud doublé d'un enculé ! » (Je la soupçonne de ne pas connaître la signification du dernier mot.)

— Alors je lui ai dit : « Renoncez à m'enfiler ! » (Elle qui ne fait jamais aucune confidence sexuelle à personne.)

— Alors je lui ai dit : « T'as vu ta tronche, casse-toi minable ! » (Je pense qu'importunée dans la rue, elle s'est contentée de presser le pas.)

— Alors je lui ai dit : « Tout flic que vous êtes je vous pisse à la raie ! » (Anatomiquement difficile à imaginer.)

Suit l'énoncé des réactions de ses interlocuteurs qui, tous, se sont aplatis devant la donneuse de leçons, ont reconnu leurs erreurs et ont regretté leur manque d'éducation (sic) en promettant de ne plus recommencer. À l'entendre, Nadia a vertement remis à leur place deux ministres à la retraite, un préfet en exercice, un notaire gâteux, des hommes d'affaires véreux, une brochette de journalistes ignares et des contractuelles qui tournaient autour de sa voiture. Nadia n'entre jamais dans le détail des vilaines intentions de ses contemporains et des fermes objections qu'elle leur a opposées. Son scénario est plus simple, voire simplet : on lui a manqué de respect, on a voulu l'entraîner dans une mauvaise querelle, on a voulu lui faire prendre des vessies pour des lanternes et elle ne s'en est pas laissé conter. Lui a-t-on répondu une seule fois sur le même ton ? Mystère. À l'en croire, elle a toujours affaire à des gens qui, méchamment rembarrés et accusés de toutes les vilenies, ne savent qu'articuler :

— Vous avez raison, madame, excusez-moi, madame, je suis vraiment confus.

Quand elle devine le doute et qu'elle sent vaciller l'admiration exprimée au récit de ses affrontements, Nadia en remet une louche, destinée à valoriser davantage son caractère et sa fermeté : elle s'est attaquée, à des armoires à glace vindicatives, à des grossiums habitués à plier tout le monde à leur volonté. Mais elle les a vus venir, elle a compris leurs noirs desseins et elle ne leur a pas envoyé dire ce qu'elle pensait d'eux :

— Vous êtes un malhonnête (pour les petits escrocs), un malfrat (pour les escrocs moyens) ou une ordure (pour les grands escrocs).

Elle précise au deuxième whisky qu'elle n'a pas hésité à gifler ceux que, de surcroît, elle soupçonnait de ne pas lui attribuer l'intelligence lucide et subtile qu'elle se reconnaît volontiers. Je la croirai le jour où je rencontrerai des relations communes qui la décriront comme une poissarde allumée et où je la verrai affligée d'un coquart. Or, pour l'heure, tout le monde loue sa parfaite éducation et ses yeux ne sont cernés que par l'indignation.

## Gertrude, la momie

Je l'avais rencontrée, voilà trente ans, belle et plantureuse. Aujourd'hui, j'hésite à la reconnaître, consumée par les excès, décharnée par les régimes, dévastée par des passions dont on a de plus en plus de peine à croire qu'elle ait pu sinon les concevoir du moins les inspirer. Squelette ambulant échappé du crématorium des UV, elle minaude encore en quête de l'ultime compliment d'un non voyant ou de la proposition salace d'un amateur d'antiquités.

On ignore d'autant plus l'âge exact de Gertrude qu'elle l'a oublié elle-même. Les mauvaises langues susurrent qu'elle a maquillé son passeport afin d'utiliser l'état civil de sa fille, disparue depuis longtemps et alors qu'elle n'était plus une jeunesse. Chaque nouveau jour gomme davantage un passé dont elle a fui les témoins et oublié les repères. Les trois mots de sa devise la protègent : myopie (qui l'empêche de reconnaître ceux qui croient l'avoir connue), amnésie (qui a chassé de sa mémoire tous les événements antérieurs à la décennie en cours), anorexie qui, à l'aide de mixtures mystérieuses, lui permet de s'embaumer de son vivant. En s'estimant ironiquement comblée de n'avoir pas de petits-enfants :

— Ils m'auraient appelée momie et je ne l'aurais pas supporté.

Pour l'heure, son élégance se réduit à assortir la tonalité de ses vêtements à la couleur des taches de cimetière qui, après s'être contentées de parsemer ses mains, envahissent son front et son visage comme si cette ancienne blonde devenue brune se transformait en rouquine à l'approche du trépas.

Gertrude se complaît à observer un délabrement qui, chaque jour, ternit un peu plus ses yeux, affaisse davantage ses chairs, en prélude à l'inéluctable décomposition. Seul le menton paraît épargné faute de place pour de nouvelles rides. Il ne forme plus qu'un magma écrasé par les ans, d'où émergent à l'occasion de ce qui a cessé depuis un demi-siècle d'être un sourire, des chicots jaunis par la nicotine, élimés par la médisance et déchaussés par la marche vers le tombeau. Les lèvres n'ont pas meilleure mine, striées, fendues, desséchées, comme si elles servaient déjà d'amuse-gueule aux insectes nécrophages.

Ce désastre tient debout, cette catastrophe ambulante effectue, fût-ce au ralenti, les gestes de sa jeunesse, par exemple ceux qui consistent à souffler les bougies du gâteau d'anniversaire qu'elle s'obstine à s'offrir sans s'aviser de l'inopportunité de célébrer les naufrages. La solitude dans laquelle elle se complaît s'est fortifiée par la panne de la radio qui la reliait au monde des vivants. Sa boîte aux lettres déborde de courrier négligé. À force de mépriser les factures, elle s'est vue couper l'électricité dont elle se passe en utilisant des bougies qu'elle rapporte à la nuit tombée et en rasant les murs pour ne pas se faire traiter de sorcière par les gamins du quartier. L'indifférence des adultes lui paraît un moindre mal. De même, le qualificatif de « vieille peau » tagué sur sa porte l'a si peu émue qu'elle n'a pas jugé nécessaire de l'effacer d'un coup d'éponge. Pauvre Gertrude : plus rien ne la froisse tellement elle est déjà fripée.

## Candice, la chanteuse

Depuis quarante ans qu'elle est sur le marché vocal, elle a un rossignol dans le gosier et un pois chiche dans la tête. Certes, elle n'est pas plus bête qu'une autre mais comme on lui donne davantage la parole qu'à une caissière de supermarché, son absence de références culturelles est devenue un secret de polichinelle. Bonne fille, elle n'essaie pas de tromper son monde – et principalement les journalistes – à l'aide de citations apprises par cœur. Elle fait surtout confiance aux ressources qu'une authentique gentillesse lui offre dans un univers de malappris. On ne l'a jamais entendue dire du mal de qui que ce soit. C'est par un sourire qu'elle répond à ceux qui l'accusent d'être frigide, lesbienne ou nymphomane. On lui a prêté dix fiancés, elle les a tous rendus. Du coup, personne n'a jamais évoqué ses « enfants cachés ». Pour l'agressivité, elle s'en remet à son « agent » dont les dents longues font heureusement contrepoids à ses idées courtes. N'étant plus prophète en son pays, elle apparaît encore de temps à autre pour rappeler qu'elle est toujours « première au Japon » (sans crainte de démentis), qu'elle a chanté devant trois papes et que la hauteur de ses disques vendus dépasse l'entendement.

Candice vit avec sa sœur, reçoit ses frères, s'occupe de ses neveux et affiche un sens de la famille étendu à l'ensemble du show-biz. Pour le reste motus et bouche cousue. Elle a renoncé à publier ses Mémoires pour éviter qu'on lui demande qui avait écrit le bouquin. Aucun photographe n'a jamais eu accès à ses appartements. On ignore à bord de quel modèle de voiture elle se déplace, d'où viennent ses bijoux et qui griffe ses robes de tous les jours. On la soupçonne seulement d'être pratiquante, voire superstitieuse, et d'avoir conservé, du temps de sa splendeur, des économies bien placées. La mort de son imprésario l'a beaucoup affectée, qui l'a laissée seule et désemparée sur le marché des galas. Une fois par lustre, elle se retrouve pour un soir sous les projecteurs et devant une salle remplie de fans recrutés dans la nuit des temps.

À bien réfléchir, Candice n'a pas mené si mal sa barque au milieu des tempêtes médiatiques et sur l'océan des meilleures ventes traversé par les courants de la mode et des modes. Si l'on excepte la fixité de son regard et la crispation de son sourire, elle aura fait plutôt bonne figure, parvenant à dissimuler dans le succès tout ce que les autres chanteuses exhibent pour réussir. Le temps l'a magnifiée. Ses anciennes bourdes ne détériorent plus son actif mais figurent au passif de ceux qui, cruellement, l'ont poussée dans des retranchements où n'était entreposée – et pour cause – nulle munition.

Elle fera une charmante vieille dame, paisible, équilibrée et sans doute rassérénée par la pensée que, contrairement à l'image, la voix, elle, ne change jamais.

## GEORGETTE, LA CANCANIÈRE

Athlète complète de la rumeur, elle lance la médisance comme un marteau avant de courir derrière afin de ne rater aucun de ses dommages. Sans méchanceté particulière. Mais parce qu'elle considère – non sans raison – que la fabrication de fausses nouvelles s'apparente à l'art romanesque. Et parce que seules les perturbations apportées à l'existence des autres sont capables d'éclairer la grisaille de sa vie personnelle.

Sa compagnie est très recherchée. À la fois par ceux qui ignorent sa coupable industrie et par ceux qui, n'en ayant jamais pâti eux-mêmes, se délectent des dégâts occasionnés à l'entour. Prodigieusement inventive, Georgette ne s'embarrasse pas de vraisemblance. On l'a entendue, relayée de confiance par les bonnes âmes, prêter les pires turpitudes sexuelles à un nonagénaire et imputer à un héritier de dix ans la faillite de l'entreprise familiale. Comme le ver à soie, Georgette décoconne. Ses fils s'emmêlent mais ne rompent pas. Grâce à eux, on est certain de remonter jusqu'à la luxure et à l'appât du gain qui, selon elle, conditionnent toutes les embardées humaines.

Au lendemain d'un mariage, elle émet déjà des doutes sur la fidélité du couple. Quelques mois plus tard, la réalité lui donne raison. Le jour où survient le divorce, elle rappelle qu'elle a été la première à l'annoncer. Cassandre de toutes les catastrophes – y compris de celles qui ne se produisent pas – elle imagine de temps à autre des bonheurs tout aussi hypothétiques : l'adjoint au maire a gagné au loto mais il cache sa fortune ; le fils du boulanger a été reçu premier à Polytechnique. Quand ses interlocuteurs s'étonnent que ses assertions demeurent sans preuve, elle pose un doigt en travers de ses lèvres avec une mimique, pour une fois muette, censée en dire long sur les petits et grands secrets d'une société maladivement cachottière.

Sa lecture de la presse people et des magazines à scandales l'approvisionne en révélations – pas plus exactes – sur les gens célèbres dont elle à cœur de démontrer qu'ils ne sont pas plus heureux que les anonymes. À l'échelon local, son oreille, qui traîne partout, recueille des bribes de phrases que son esprit complète. À partir du postulat – souvent vérifié – que ses contemporains n'ambitionnent que de voler les partenaires et les économies de leurs voisins, elle tombe parfois juste, démasquant les ententes de convenance et les désintéressements de façade, sachant voir plus loin que les hypocrisies sociales. Et en se félicitant que, sur son propre compte, nulle malveillance n'ait jamais pu s'exercer. Non qu'elle parvienne à cacher ses fautes mais elle n'a pas le temps d'en commettre, trop occupée à sonder les reins et les cœurs. Des amis, qui ne sont pas dupes de ses informations tendancieuses mais qui raffolent des indiscrétions glanées sous la couette, lui ont offert pour son anniversaire des cartes de visite gravées à son nom et assorties du titre de « Rédactrice en chef du Quibaisequi, le Journal des Galipettes ». Certains la soupçonnent de rôder autour du confessionnal à l'église, d'éplucher les registres d'état civil à la mairie et de suivre les convois de défunts qu'elle n'a pas connus avec l'arrière-pensée de surprendre des propos échappés avant l'inhumation au chagrin et ensuite à la boisson.

Les gendarmes l'ont longuement interrogée sur une affaire de corbeau qui avait mis sa bourgade à feu et à sang. Elle s'en est tirée à son honneur et avec les excuses de l'adjudant-chef. Car Georgette n'écrit jamais. Ses extrapolations et ses calomnies sont strictement verbales. Davantage pour des raisons d'économie que de prudence :

— Pourquoi porter à la poste en payant ce qu'on peut mettre gratuitement dans une oreille ?

Ce faisant, la méchanceté et le désir de nuire perdent leur mystère. Mais Georgette les assume et les revendique, fidèle à sa vocation théâtrale qui a transformé le rideau de sa fenêtre en rideau de scène.

# HILDA, L'ÉTRANGÈRE DE LA PLAGE

L'homme n'avait pas distingué les traits de la femme car la lune était, comme eux, en vacances la nuit où ils se rencontrèrent sur une plage déserte du Var. Ils ne respectèrent aucune des conventions sociales qui, d'habitude, préludent au passage à l'acte. Ils s'allongèrent sur le sable l'un près de l'autre. Leurs mains se joignirent sans qu'ils se fussent présentés l'un à l'autre. C'est le lendemain qu'il la baptisa Hilda car, avant de le quitter à jamais, elle l'avait gratifié d'un « Auf Wiedersehen » du plus teutonique effet.

Il ne se passa pas grand-chose. Il l'embrassa sur les lèvres qui étaient charnues et fraîches. Sa peau était grasse, souple et sentait à la fois le suint et le soleil. Puis ils se débarrassèrent des textiles qui servent de rempart à la vertu ou de contention au désir. Et ils firent l'amour dix minutes après s'être trouvés par hasard sur un sable aussi satiné que l'épiderme d'Hilda. Il ignorait quel âge elle avait, si elle était fiancée ou mariée, où elle vivait et quel métier était le sien. Tous renseignements parfaitement superflus quand deux envies identiques et complémentaires font momentanément alliance. L'étreinte fut brève et magnifique. Auraient-ils vécu ensuite un demi-siècle ensemble cela n'eut rien ajouté. Ils se relevèrent presque aussitôt. Elle lui indiqua le cadran de sa montre pour lui signifier qu'il était tard et qu'on l'attendait. Alors qu'il n'était pas encore revenu de son trouble, elle avait déjà repris ses esprits en même temps que sa petite culotte.

Trente ans après, il se souvient qu'avant de la voir s'éloigner, subitement intimidé par tant de précipitation dans la hardiesse de sa demande et par tant de simplicité dans la générosité de sa réponse, il se mit sur la pointe des orteils car même pieds nus elle était beaucoup plus grande que lui – ce qui lui avait échappé lorsqu'ils étaient à l'horizontale – afin de l'embrasser pudiquement sur sa joue qui était grasse, souple et sentait à la fois le suint et le soleil...

## ELENA, LA DÉPENSIÈRE

Depuis le temps qu'elle achète des robes rapidement démodées et des objets oubliés dès le lendemain, Elena a moins besoin de posséder en double ou triple exemplaire ce qu'elle a déjà ou de procéder à de nouvelles emplettes, tout aussi inutiles, que de dépenser un argent qui lui file entre les doigts comme le sang sourd des poignets d'un suicidé à la romaine. Pour elle, une journée sans chèque est une journée perdue. Elena se réveille chaque matin, démangée par l'irrépressible envie de vider les boutiques et son compte en banque. Ses « courses », effectuées avec la frénésie de quelqu'un qui n'a pas une minute à perdre pour aboutir aux objectifs qu'il s'est fixés, se répartissent entre achats décidés de longue date ou la veille et achats fortuits. Les uns s'ajoutent aux autres pour épuiser budgets, économies et libéralités sachant qu'Elena reconnaît volontiers l'aspect caractériel et compulsif de cette monomanie. En expliquant qu'elle a choisi de traiter la dépression, le vague à l'âme, les déceptions sentimentales et la ménopause avec les médicaments délivrés par la société de surconsommation.

À la plus petite contrariété, elle entre dans un magasin et sort sa carte de crédit. Dans ces moments-là, une vendeuse adroite peut lui placer n'importe quoi. Elle ressent l'achat comme un acte libératoire à l'égard des contingences financières ou comme une vengeance envers un homme qu'elle a résolu de ruiner. Parfois les deux. Bonne fille, quand elle s'avise – toujours trop tard – qu'elle détient déjà ce qu'elle vient de s'approprier, elle en fait cadeau. À moins qu'elle ne procède, comme le sculpteur Arman, par accumulations, en réunissant dans une même vitrine les dizaines de portables qui se sont succédé à son oreille ou les innombrables chaussures à talons aiguilles qu'elle met un point d'honneur à n'utiliser qu'une seule fois.

Chaque semaine, elle émerge de son dressing comme d'un champ de ruines inhabitables.

Commence alors la curée des échoppes dont elle revient, alourdie par force paquets et revigorée par la reconnaissance du personnel. Il lui arrive aussi de changer de fond en comble la décoration et l'ameublement d'une pièce, voire de toute une maison. Pour se donner bonne conscience, elle a modifié le vieil adage et affirme :

— Il n'a que les imbéciles et les morts qui ne changent jamais de cadre.

À d'autres moments, l'explication est plus simple, plus franche :

— Ce n'est pas parce qu'on s'est trompé dans un achat qu'on doit renoncer à en faire d'autres.

Lorsque sa frénésie la saisit, elle ne sait plus compter, elle mélange les francs et les euros, elle se trompe dans le libellé des chèques et, pour se vêtir, est prête à tous les découverts en arguant de la meilleure raison :

— C'était une occasion à ne pas laisser passer.

Les mécènes d'Elena tentent de la raisonner et de la modérer, parfois de la morigéner ou de lui couper les vivres. En vain. Ne pouvant pas changer d'habitude, elle préfère changer de mécène. En quelques années et en plusieurs millions de dépenses, elle a mis sur la paille un banquier jusque-là prospère, le directeur d'un théâtre à la mode et un bataillon de décideurs qui, submergés par ses caprices, ne décidaient plus rien du tout. Pour elle, les dettes constituent une fortune négative. Elle n'hésite donc pas à en contracter sans cesse de nouvelles avec l'espoir – jusqu'à présent réalisé – que des amants ou des maris, de plus en plus riches, financent ses folies. À une amie qui l'interrogeait sur son ambition suprême, elle a avoué un jour :

— Je rêve d'acheter tellement que je n'aurais plus le temps d'ouvrir les paquets...

## ANNE-AYMONE, LA BRIDGEUSE

Avec l'âge, la passion de Anne-Aymone pour le bridge s'est encore accrue. Pour elle désormais, le monde se sépare en deux sphères. D'un côté ceux qui cartonnent, élite ambitieuse, et ceux qui, insensibles aux séductions suprêmes du grand schlem, constituent la piétaille de la civilisation des loisirs. À en croire Anne-Aymone, le bridge est à la fois une ascèse car sa pratique forme l'esprit en lui offrant de nouvelles formes de raisonnement et un sport car la recherche de performances est constante.

Anne-Aymone a donné chez elle un grand dîner lorsque la fédération l'a autorisée à passer de la troisième à la deuxième série. Ce soir-là, les convives, tous choisis dans le Gotha des trois sans atout, ont longuement admiré la vitrine baptisée « mon panthéon », où elle entasse les coupes, les plaques et tous les objets d'art sans aucune valeur qui attestent ses réussites ludiques. Depuis, chaque mois, elle organise un repas pour mordus au cours duquel on ne parle que de bridge. Chacun y va alors d'une anecdote qu'il croit mémorable et signifiante :

— Il m'annonce tout de go « deux cœurs ». Je lui réponds « trois piques », question d'honneur. Finalement on a fait le petit...

On stigmatise au passage les mauvaises annonces d'un absent ou le désastreux jeu de la carte d'un autre. Les souvenirs s'enchaînent. Longue série de monologues entrecroisés où personne n'écoute personne, où chacun entend démontrer qu'il est le meilleur et que quand il se classe mal, c'est la faute du partenaire. Certains jouent en solistes, d'autres en paires fixes, couples morganatiques logés dans un jeu de cinquante-deux cartes et que les arbitres surveillent afin de s'assurer qu'une longue habitude ne crée point de déloyales connivences en ajoutant un code particulier au système général.

Six mois par an, Lucienne est indisponible pour cause de tournois. Le reste du temps, elle ne cesse de diviser par quatre le nombre de ses connaissances afin de calculer combien de tables elle montera dans son cinq pièces du boulevard Saint-Germain. L'expérience a élargi ses horizons. Elle fréquente d'autres clubs que le sien qu'elle apprécie parce que le patron est un ancien champion et que le rapport qualité-prix du restaurant est convenable. La semaine dernière, elle jouait en province. À la fin de l'année, elle passera la frontière pour participer à un voyage thalasso-bridge où l'on est traîné dans la boue le matin par le personnel de cure et l'après-midi par ses partenaires. Elle affectionne également les croisières où la frénésie du jeu dissuade de descendre du bateau aux escales et même de s'allonger sur le pont pour regarder la mer.

Anne-Aymone idolâtre le bridge et méprise tous les autres jeux auxquels elle reproche d'être moins intéressants, plus intéressés et surtout de ne reposer que sur le hasard. Or, le bridge de tournoi où chaque concurrent reçoit la même « donne » assure l'égalité des chances, utopique dada des hommes politiques issus d'une grande école. En trente années de bridge, Anne-Aymone n'a jamais risqué un franc ni un euro. Elle joue pour le plaisir, pour la beauté du jeu, pour une étrange convivialité à base d'engueulades véhémentes et de frissons partagés. Peu à peu le cercle de ses relations s'est circonscrit aux seuls bridgeurs. Tout au plus tolère-t-elle de temps à autre à ses raouts la présence de conjoints de partenaires mais en sachant qu'incapables de participer à la conversation, ils s'ennuieront plus ou moins ostensiblement.

À force d'exclure de son entourage de vieux amis non bridgeurs, elle se retrouve à la fois très entourée et désespérément seule mais suroccupée et attendant sans angoisse métaphysique le moment où elle fera définitivement le mort.

## Clara, la groupie

Elle ne se définit pas par elle-même mais en fonction des vedettes de toutes disciplines qu'elle s'est choisies comme références et auxquelles elle prodigue publiquement les marques d'un amour, par définition, unilatéral. Comme les grands peintres, Clara divise sa vie – sinon son œuvre, réduite à une collection de lettres enthousiastes restées sans réponse – en époques. Ainsi comptabilise-t-elle son « époque Bécaud » (elle a dix ans lorsque le chanteur survolté casse son premier piano) ; son époque Dylan durant laquelle elle découvre pêle-mêle le twist, l'Amérique et le chewing-gum ; son époque Einstein qui lui fait adorer sinon les théories de la relativité qui lui passent autant par-dessus la tête qu'aux professeurs auxquels la fameuse thèse fut soumise, du moins sa facétieuse mimique qui lui permet de tirer la langue à des millions de demeurés. Vient ensuite sa période Dali où Clara s'entiche à la fois des propos délirants qui suintent sous la moustache comestiquée du peintre et des tableaux échappés à ses pinceaux.

À chaque nouvel engouement, Clara procède comme les femmes lorsqu'elles changent d'amour : elle n'a plus rien à mettre (dans son lecteur de DVD). Elle bouleverse la décoration de son logis, brûle ce qu'elle adorait hier et adore ce qu'elle ne remarquait pas la veille. Clara est de la race des inconditionnelles qui dormaient dans l'escalier de Claude François, qui ont pensé se suicider à la mort de James Dean et qui ont acheté très cher un morceau du vrai lit d'Hallyday. Autant dire que son affectivité et sa vie privée n'ont aucun rapport. Elle s'interdit de fréquenter des hommes vulgaires sous prétexte qu'elle a été amoureuse d'hommes exceptionnels. On ne sort pas avec un plombier lorsque, durant des années, on est rentrée chaque soir avec Richard Gere et Bruce Willis dans la tête. Tout au plus consent-elle à fréquenter parfois des jeunes gens qui éprouvent une passion artistique partagée, sachant que s'ils manquent de sujets de conversation, la grande ombre de l'idole commune alimentera leurs propos.

Au fil de ses enthousiasmes successifs, Clara est devenue infréquentable sauf à pouvoir la suivre dans ses coups de cœur et d'adhérer aux désaffections complètes qui les suivent invariablement. Peu à peu, elle s'est intellectualisée, alternant le show-biz moderne et la littérature classique. Pendant six mois, ses voisins l'ont vue déambuler avec autour du cou un médaillon affirmant : « J'aime Victor Hugo. » Elle a eu un faible pour Molière après avoir lu une critique sur *Les Fourberies de Scapin*. Ses proches assurent que son caractère se ressent de ses fixations. Et d'expliquer qu'elle s'est mise à boire dès que le chanteur Renaud s'est réfugié dans l'alcool, qu'elle s'est crue atteinte d'un cancer à la disparition de Charles Denner et qu'elle a porté ostensiblement pendant trois semaines le deuil de Jean Poiret. Parfois, à force d'obstination, elle réussit à approcher ses idoles. Mais, avoue-t-elle, sans en retirer de plaisir extrême tant il est vrai que la vedette inaccessible a, comme le fruit défendu, plus d'attrait.

Quand elle disparaîtra – sans héritier faute d'avoir pris

le temps de s'en fabriquer –, une fondation désignée par testament entrera en possession de trésors dont on peut appréhender qu'ils ne suscitent pas le vibrant intérêt des générations futures : programmes de concerts annotés de sa main ; serviettes démaquillantes volées dans les loges ; photos prises à la sauvette ; paraphes illisibles. On sera alors en droit de s'interroger : Clara a-t-elle véritablement vécu ou n'a-t-elle existé qu'à travers l'existence des autres ?

## CARMEN, LA LESBIENNE

Des rares hommes qui sont passés dans son lit, elle garde le souvenir – maintes fois raconté – de rustauds pas très récurés, à l'haleine lourde et aux propos pas plus légers, qui prenaient très vite leur plaisir sans se préoccuper du sien. Elle leur doit d'avoir connu l'enfer de l'hétérosexualité pendant quelques mois et le paradis de l'homosexualité depuis près de vingt ans. Sans leurs maladresses sans doute n'aurait-elle pas découvert – et expérimenté – la passion qu'on pouvait éprouver pour les personnes de son sexe. D'elle, son unique mari, répudié au bout de six semaines, a reconnu sans dissimuler son admiration :

— Elle emballe comme un homme !

Il aurait pu ajouter : comme un homme idéal, c'est-à-dire fin, subtil, éduqué, cultivé et qui connaît aussi bien anatomiquement que psychologiquement les femmes. Du coup Carmen a autant de succès auprès des jeunes filles qui n'ont jamais cédé aux mâles qu'auprès des femmes déçues par eux. Tantôt virile, tantôt hyperféminine mais fuyant les hommasses autant qu'elle exècre les folles, elle joue de toutes les ressources des sexes connus. Familière des boîtes où la présence masculine n'est pas souhaitée, elle tient sa cour au milieu de ses favorites du moment, adoube une arrivante, en décourage une autre selon un code aussi mystérieux qu'indiscutable. Plus que les garçons qui préfèrent les garçons, cette femme qui n'aime que les femmes s'accommode d'un racisme sexuel longuement prémédité. Qu'apporterait un homme aujourd'hui alors que les femmes peuvent concevoir sans leur aide directe et sont capables de bien gagner leur vie ?

Dans l'orbe de Carmen, toute une franc-maçonnerie s'agite, démarche, s'entraide et se manifeste au travers des médias dès que le thème fédérateur est évoqué. Pas question pour autant de participer à la Gay Pride. Carmen assure qu'elle s'y rendra le jour où les hétéros accepteront de défiler sur la voie publique avec femmes, maîtresses, enfants légitimes et naturels. Sans doute, son abstention s'explique-t-elle surtout par son désir de ne pas sembler parodier les créatures velues dont elle prétend pouvoir se passer.

Ses différents « ménages » défrayent régulièrement la chronique. On l'a vue fiancée avec une ballerine russe, vivant en concubinage avec une championne de tennis, flirtant avec une syndicaliste. Les rares mauvaises langues de son microcosme prétendent qu'elle est trop snob pour s'amouracher d'une caissière de supermarché. Il doit y avoir du vrai. Carmen confond souvent la classe à laquelle elle aspire avec les classes qui en offrent plus ou moins. Sa soif de respectabilité s'étanche à des sources artistiques et littéraires : Sand la poétesse, Colette la romancière, Nathalie Barney et toutes les autres dont on a souvent confondu les inclinations sexuelles avec une vocation féministe.

Carmen cache l'existence d'une fille, issue d'une expérience ratée mais jeune, belle, intelligente, mariée, mère de famille, qu'elle ne voit que rarement, comme s'il s'agissait d'une tare. Que dirait-on de la grande prêtresse de Lesbos si on la savait grand-mère ? Elle imagine les surnoms – « Mamie Saphi » –, les copines qui, les lèvres pincées, lui demanderaient des nouvelles de sa marmaille. L'interdiction d'adopter des enfants lui garantit une longue guerre. Un jour viendra, elle le redoute parfois, si sa situation s'étale dans une certaine presse, où ses compagnes la mettront en demeure de choisir entre sa famille naturelle et sa famille amoureuse, entre une inconséquence de jeunesse et un choix d'adulte, entre la maternité et le sororat, entre les fleurs du mâle et le gazon maudit. Ces jours-là, elle peste contre l'intransigeance des sectes dont elle fait d'habitude son miel.

## Hélène, la femme qui ne plaît pas

Elle a tout pour séduire et elle ne séduit pas. Pourtant considérée isolément, chaque facette de sa personnalité est attachante. C'est l'ensemble qui cloche. Derrière chaque qualité – physique ou morale – il y a un défaut rédhibitoire. Ainsi possède-t-elle une superbe poitrine mais le nombre des centimètres qui en déterminent le tour ne suffit pas à faire oublier que la distance de la tête aux pieds n'est aucunement proportionnée. De même Hélène a des jolies jambes mais ses pieds sont plats dont la pointure avoisine le 45. Ses dents sont éclatantes mais ses lèvres minces n'augurent pas d'un tempérament tentateur. Sa gentillesse qui n'a rien d'affecté ne convainc pas davantage. Elle a de beaux yeux qui s'ouvrent sur le monde mais qui ne laissent rien entrevoir de son âme.

Sans doute lui manque-t-il une bonne grosse tare. Hélène est trop douce, trop lisse, trop parfaite, trop policée. Trop seule aussi. Elle n'a jamais été mariée. Ses aventures ne durent jamais plus de deux mois. Après quoi les hommes qui sont passés – très vite – dans sa vie ne témoignent ni en bien ni en mal. Comme s'ils n'avaient couché avec elle que par curiosité ou par désœuvrement. De son côté, elle n'est pas plus bavarde. Ni fâchée de se retrouver seule. Comme si l'état de vieille fille auquel elle se prépare doucement était plus agréable que le statut de femme en couple.

Comme elle est charmante, bien vêtue, parfumée et nullement farouche, les propositions ne lui manquent jamais dont une bonne part ne va pas plus loin qu'un flirt poussé car les candidats à l'acte s'arrêtent au moment de sauter le pas et la fille. Vaguement étonnée mais fataliste, Hélène se rhabille alors, appelle un taxi, embrasse une dernière fois le monsieur sur le palier et, rentrée chez elle, se verse un whisky bien tassé devant la télévision. Il lui en faudrait davantage pour dire du mal des hommes. Elle ne les classe qu'en deux catégories – les impuissants et les capricieux – qui méritent également la pitié. Elle a vu des amies vivre de grandes passions qui les ont davantage marquées que l'absence d'amour. Et puis sa solitude n'est-elle pas d'excellente qualité qui allie le réconfort de la culture et les ressources de l'argent ?

Un cas cette Hélène. Elle décourage autant la plume que le sexe. Qu'elle m'appelle un taxi : je l'abandonne.

## LIANE, LA JARDINIÈRE

Elle a commencé à quatre ans avec deux pots de géranium sur un balcon exigu. L'odeur laissait à désirer mais les plantes étaient vivaces et maintenaient un peu de couleur au milieu du béton. Liane a profité ensuite de vacances à la campagne pour ensemencer un jardin de curé qu'elle allait visiter chaque matin dans l'espoir de voir poindre du cerfeuil ou sortir de terre un radis. Pour Liane, le principal mystère de l'univers résidait dans le passage de la graine en sachet à la fleur éclose.

Cinquante années ont passé mais son émerveillement devant les complexités infinies de la flore est intact. Elle est aujourd'hui certaine de posséder cette main verte qui caresse la nature dans le sens des plus humbles brindilles et dompte les cycles les plus complexes de sa reproduction. Sa salle de bains est un jardin des plantes exotiques. Dans son salon, des arbustes occupent la place d'honneur. Elle connaît par cœur les noms latins de milliers d'espèces. Elle dépense une fortune en anthologies, en manuels, mais aussi en outils et en engrais. Elle peut soigner, comme un enfant, un végétal malade et parler à une carotte comme à une vieille amie. Pratiques sous-tendues par la certitude que les plantes sont des êtres vivants doués de sensibilité et d'intelligence, capables de souffrir et de se rebeller, reconnaissants pour les soins dont on les entoure. Les esprits forts de son entourage daubent sur la cure de Mozart à l'aide de laquelle elle prétend avoir redonné le goût de vivre à un yucca condamné par les jardiniers. De même, elle ne pèle jamais une tomate sans lui murmurer les dernières consolations. Du matin au soir, chaque jour et en toute saison, Liane bêche, sarcle, bine, bouture, émonde, prodigue ses conseils éclairés et vitupère la mode contre nature qui remplit des saladiers de pensées ou de capucines. Elle a refusé la facilité de l'arrosage automatique parce qu'il mettait toutes les plantations dans le même bain sans se soucier de structures variées et de besoins différents.

Liane aime d'autant plus les plantes qu'elle se sent aimée par elles. Elle prétend sérieusement que les jonquilles la saluent et que certains feuillages essaient de la caresser – en tout bien tout honneur – lorsqu'elle se risque au fond du jardin. Elle a horreur des bouquets concoctés après maintes mutilations par les fleuristes. Elle ne comprend pas pourquoi la loi qui sanctionne les mauvais traitements infligés aux animaux ne protège pas aussi les plantes, abandonnées sans défense aux cruautés humaines.

Sa bonne intelligence avec la nature assure son équilibre, garantit sa joie de vivre et dédramatise la perspective de la mort. Son retour à la terre lui apparaît comme une félicité suprême :

— Toute ma vie je me serai occupé des végétaux et ensuite je les nourrirai...

Parmi ses dernières volontés figure le souhait impératif qu'on ne jette nulle fleur sur sa tombe, pas plus naturelles – les pauvres ! – qu'artificielles – quelle horreur !

Attachée à son mari comme le lierre à une maison de famille, elle l'aime depuis qu'il a su trouver le chemin de son cœur en lui déclarant qu'elle était « une belle plante ». Quand elle aura disparu, ses filles – Yacinthe et Rose – trouveront dans ses papiers quelques marguerites desséchées, un coquelicot décoloré et un trèfle à six feuilles.

## Véronique, clone de sa mère

Longtemps la mère et la fille ont eu l'air d'être sœurs jusqu'à ce que la première ait, grâce à ses opérations esthétiques et à ses accoutrements, entrepris de faire croire qu'elle était la fille de sa fille. Une étonnante ressemblance physique aide à entretenir la confusion : même taille, même carnation, mêmes traits, même couleur d'yeux, mêmes courbes placées aux mêmes endroits, même voix. Pour couronner le tout, les deux femmes se prénomment Véronique. Les amis s'y perdent parfois ; les autres les confondent toujours. À la grande joie des deux intéressées : la mère est ravie d'emprunter sa jeunesse à sa fille ; la fille est fière d'être le clone d'une femme qu'elle admire comme ce que l'espèce humaine a produit de plus gracieux, de plus harmonieux, de plus subtil, de plus abouti. Sur le plan intellectuel, elles disposent de mécanismes identiques. Ainsi échangent-elles aussi aisément des idées que des vêtements. Elles lisent les mêmes auteurs, votent pour les mêmes politiciens, apprécient les mêmes plats et – au moins à deux reprises – ont aimé les mêmes hommes lors de chassés-croisés inversés. Ajoutez à cela que les deux Véro pratiquent les mêmes sports et s'entichent des mêmes champions.

Les garçons fascinés qui rôdent autour d'elles n'arrivent pas toujours à se décider tellement la jeunesse de la plus ancienne est plus attractive que l'habituelle faculté de deviner à quoi ressemblera trente ans plus tard une adolescente en observant attentivement sa mère. Cette fois c'est l'inverse : la juvénilité prolongée de la maman laisse bien augurer de la conservation des charmes de la fille. Lorsque Véro n° 2 a accouché d'une Véro n° 3 à l'issue d'une grossesse qu'elle avait mimée parallèlement, la nouvelle grand-mère a présenté le nouveau-né comme son dernier enfant et donc la tardive petite sœur de sa fille. Personne ne s'y retrouve plus. Surtout lorsqu'elles sortent chacune de leur côté en se donnant le mot pour embrouiller les commerçants et les galants, en ne reconnaissant pas davantage les dettes contractées que les hommes séduits.

Pour leur dernier anniversaire commun (elles sont nées le même jour et, prétendent-elles parfois, la même année), elles ont organisé une sauterie costumée où elles sont apparues en barboteuse de Dior, provoquant à la fois l'hilarité et le vertige chez les assistants. Pour l'heure, elles marchent côte à côte sur le long chemin de la vie. Sans se dissimuler qu'un jour l'une des deux – elles ne savent pas encore laquelle – devra faire prévaloir son droit d'aînesse. La solution la plus élégante et la plus drôle consisterait à ce que la mère et la fille échangent définitivement les rôles. La fille se vieillirait un peu tandis que la mère redoublerait d'artifices. Et puis à soixante-dix et à quatre-vingt-dix ans, elles deviendraient jumelles. Jusqu'à leur fin commune car il y a tout lieu de penser que si l'une disparaît l'autre ne lui survivra pas.

## JEANNE-MARIE, L'ÉTERNELLE BALLERINE

Quand aujourd'hui elle confie qu'elle arrive de l'Opéra, on ne sait plus s'il s'agit du quartier ou du palais Garnier tellement son passé lui colle à une peau tachetée comme celle d'une tigresse. Petit rat dès six ans, elle a été durant quatre décennies ballerine puis étoile avant de ne plus danser que devant les buffets du tout-Paris. À juste titre persuadée qu'au-delà d'un certain âge on n'a plus d'âge, elle assure allégrement, fine mouche et taille de guêpe, son rôle historique. Elle a connu Nijinski, exécuté des pas de deux avec Noureïev, flirté avec Malraux et réveillé les sens de plusieurs générations de politiciens. Prudente, elle ne parle volontiers que du seul sujet qu'elle soit certaine de mieux posséder que ses interlocuteurs, c'est-à-dire d'elle-même, de sa prodigieuse carrière, des enthousiasmes que ses spectacles ont déclenchés et des passions dévorantes qu'elle a suscitées, à l'en croire sans y répondre, trop occupée qu'elle était par son art et par sa petite personne, trop soucieuse de son maquillage invisible et de sa stabilité pondérale pour tomber dans d'autres bras que ceux de ses « porteurs ».

Grande prêtresse de son propre culte, elle célèbre sa liturgie en honorant de sa charismatique apparition des cocktails ou des soirées choisies en fonction de la présence annoncée de hautes personnalités et de la convocation des photographes en couleurs qui enrichiront un press-book meublant avec les trophées glanés un peu partout, avec la collection de ses chaussons usagés et avec ses vieux tutus, la pièce immodestement baptisée « Musée » qu'elle fait visiter aux quelques imprudents que n'effraie pas la perspective de se pencher sur un passé dénué d'avenir. À ces privilégiés, elle ne fait grâce d'aucun épisode d'une existence déjà longue. Ainsi n'échappent-ils pas davantage aux portraits des parents modestes, saignés aux quatre veines pour financer ses premiers entrechats, qu'à la revue des maris, tous engloutis par l'obscurité où cette capteuse de lumière maintient son entourage.

Sans oublier la litanie des triomphes égrenés avec articles et photos à l'appui : Jeanne-Marie au Bolchoï ; Jeanne-Marie présentée à la reine d'Angleterre ; Jeanne-Marie tournant son premier (et dernier) film ; Jeanne-Marie recevant les insignes de plusieurs ordres nationaux ; Jeanne-Marie dédicaçant ses Mémoires ; Jeanne-Marie aux funérailles de Sibelius (elle donnait par hasard, la veille, un gala à Helsinki) ; Jeanne-Marie étrennant sa première Rolls ; Jeanne-Marie embrassant des petites Africaines apeurées ; Jeanne-Marie à un bal de l'Élysée où elle fut la seule à ne pas danser ; Jeanne-Marie avec l'insupportable petite-nièce grâce aux espiègleries de laquelle elle peut se féliciter de n'avoir pas eu d'enfants. À quoi elle ajoute, pour peu qu'elle ait affaire à un admirateur de faible caractère, trois tableaux à l'huile et une sculpture en glaise de son cru, un mouchoir brodé ayant appartenu à Marius Petipa, un reportage sur DVD montrant son retour à la terre effectué dans une ferme berrichonne où, toujours vêtue comme une fillette et avec la simplicité qui est l'apanage des plus grands, elle dévore la moitié d'un camembert, son vice secret.

La visite est terminée. On n'est pas près d'oublier le

guide. Jeanne-Marie, elle, chorégraphe de ses savantes glissades sur la terre des hommes, disparaît dans le bruit de castagnettes produit par ses articulations en annonçant que, comme chaque jour, elle va faire des exercices à l'aide de cette barre à laquelle elle s'accroche depuis bientôt quatre-vingts ans.

## ROLANDE, LA PARESSEUSE

La nature semble ne rien lui avoir refusé hormis la verticalité. Et la caractéristique allant de pair qui a nom le mouvement. Car elle s'avoue, selon la phraséologie du jour, nonchalante, fatiguée ou découragée (sans s'aviser qu'on ne saurait perdre un courage qu'on n'a jamais possédé). En fait, Rolande est paresseuse, lymphatique. Et feignante au point de faire davantage d'efforts pour refuser les menues obligations de la vie quotidienne qu'elle n'aurait dû en déployer pour les assumer.

Le lit est son royaume, épicentre d'une existence végétative dont le sommeil constitue le principal ornement. À ce régime-là, Rolande ne se couche ni se lève. Sa femme de ménage doit insister lourdement pour retourner le matelas et changer les draps, manipulations normales mais qualifiée d'agressions insupportables par la bénéficiaire qui, momentanément écroulée dans un fauteuil, les considère d'un œil ennuyé. Ses journées s'écoulent immuables, partagées entre des repas toujours pris à l'horizontale, de rares visites d'intimes qu'elle renvoie au bout d'un moment en abaissant des paupières, alourdies par son désintérêt pour le monde et une cascade de siestes réputées réussies quand elle parvient à passer sans entracte de l'une à l'autre. Pour le reste, Rolande n'abuse pas de la télévision et de la radio qui l'endorment, ni de la lecture qui l'assomme, ni du téléphone qui la dérange. Privée des ressources du travail, elle subsiste grâce à un héritage et au RMI qui a couronné une longue période de chômage. Bien qu'elle fût, par définition, toujours en posture de recevoir leurs hommages, ses amants se sont lassés de son manque de conversation, du peu de soins apportés à son physique et surtout d'une lassitude chronique, capable de l'immobiliser soudainement au beau milieu d'un déduit. Sa famille n'a pas tenu davantage le coup qui, lorsqu'on lui demande de ses nouvelles, prétend qu'elle a disparu sans laisser d'adresse. Une vieille cousine surgit de temps à autre, qui, très vite, s'assoupit avec elle après avoir entretenu la fiction du lien social.

Quand on lui fait grief de s'abstraire complètement de son époque, Rolande argue que ses rêves sont plus beaux que la triste réalité et explique, sans rire, qu'elle s'est retirée sous ses couvertures comme d'autres entrent au couvent. Pourquoi s'échinerait-elle à vivre puisqu'elle est condamnée à mort ? Elle ne voit pas davantage de raison à s'intégrer à une communauté qui, elle, dort debout. Sujette du roi Sommeil, elle s'abstient d'aller voter à l'invitation d'une République qualifiée de harassante. Elle n'ouvre plus un courrier inutile puisque, sur son compte bancaire, les virements équilibrent les prélèvements sans qu'elle ait à intervenir ni à s'en soucier. À ce régime, Rolande devrait connaître une grande forme. Il n'en est rien. Son leitmotiv l'atteste qui répond au dernier carré de ses contemporains intéressés par son état :

— Je n'en peux plus !

Le pire est qu'elle dit la vérité. Car le repos prolongé lui ôte ses forces, lui délabre le moral et mine son avenir. Les premières escarres sont apparues. Sa tension baisse.

*Rolande, la paresseuse*

Des vertiges la dissuadent souvent de mettre le pied par terre. Le moment se rapproche où, usée sans avoir servi, Rolande devra renoncer à se rendormir faute de s'être réveillée un matin.

## Carine, la femme aux bijoux

Les malfrats n'ont rien à espérer d'un cambriolage à domicile perpétré en son absence. Quand Carine sort, elle emporte tous ses trésors. Ses amis la traitent de bijouterie ambulante ; ses amants l'entraînent dès qu'elle tombe en arrêt devant la vitrine d'un orfèvre. Pour Carine, le bijou doit remplir de multiples fonctions : il embellit la femme en ajoutant des scintillements aux meilleurs endroits de sa personne ; il contribue par son faste et son originalité à l'affirmation de la réussite sociale et à l'épanouissement de la personnalité ; il dissimule éventuellement des disgrâces physiques ; il constitue une thésaurisation extra-bancaire.

Les bijoux qu'exhibe Carine sur son corps et ceux qu'elle cache dans le sac qui ne la quitte jamais attestent l'efficacité des différentes fonctions. La pureté des diamants situe d'emblée leur propriétaire. Elle n'est pas de ces frimeuses qui accumulent les bijoux de fantaisie valant à peine le prix d'un écrin signé des grands noms de la place Vendôme et de la rue de la Paix dont elle revendique la familiarité.

Sa devise – un carat de plus à chaque anniversaire – lui promet une fin de vie chargée. Aux pièces traditionnelles qui trouent ses oreilles, ornent ses doigts, cernent son cou et tintinnabulent à ses poignets s'ajoutent des perles enchâssées dans son nombril où elles rencontrent la partie basse de ces rivières dont les humoristes prétendent qu'elles ont tendance à redescendre vers leur source. Car derrière chacun de ses joyaux se profilent une rencontre, une fortune, un visage, un sexe.

Dûment estimés, somptueusement assurés, ces bijoux assurent à Carine un viatique permanent. Si elle fuyait une révolution, dépourvue de tout bagage, elle aurait encore de quoi vivre plusieurs années au-delà des frontières sans rien faire de ses dix doigts mais grâce à eux. À ses oreilles, les mots de solitaire, de clip, de pendentif, de sautoir sont les plus beaux de la langue française. De la même façon qu'elle entend se définir à travers les bijoux qu'elle porte, elle juge les autres femmes sur ces signes extérieurs répertoriés en deux grandes catégories identifiables à l'œil nu : l'inné, c'est-à-dire les bijoux de famille qui témoignent du passé, et l'acquis, c'est-à-dire les bijoux offerts qu'on nomme présents.

Des hommes se sont ruinés pour elle qui n'avaient pas les moyens de ses caprices ; d'autres ont fui, après avoir tenté – en vain –, de la raisonner en lui démontrant qu'un collier de plus lui arriverait sous le menton. Ses idylles avec des bijoutiers n'ont jamais duré longtemps. Certes, ils lui offraient ce qu'il y avait de plus beau sur la place mais ils le récupéraient un peu plus tard sous prétexte qu'il s'agissait de pièces de collection. Aujourd'hui, elle redoute davantage d'égarer un bijou que de perdre un être cher. Le pire qui puisse lui arriver serait d'apprendre, à la défaveur d'une estimation, qu'un diamant est faux ou qu'une émeraude est synthétique. Dans les moments de doute ou de tristesse, elle allonge les mains et contemple des phalanges dont chacune correspond à une décennie riche en cadeaux pérennes et en amours fragiles.

*Carine, la femme aux bijoux*

À sa fille, qui partage sa passion sans partager ses trésors qu'elle se défend de prêter, fût-ce pour un soir, elle a promis de tout léguer. Mais il n'est pas impossible que, parmi ses dernières volontés, figure le souhait d'être enterrée parée comme une châsse, divinité moderne figée pour l'éternité dans l'éclat de chefs-d'œuvre qui ne brillent plus pour personne.

# Marie-France, la pédégère

Toute sa vie, elle a davantage donné des ordres qu'elle n'en a reçu. Question d'intelligence, de courage, d'opportunité mais aussi de tempérament. Sans qu'on puisse déterminer si Marie-France est devenue pédégère d'un important groupe industriel parce qu'elle possédait naturellement un caractère dominant ou si sa forte personnalité est née de l'exercice prolongé de l'autorité patronale.

Une fois pour toutes, elle a décidé d'emprunter aux deux principaux sexes leurs vertus spécifiques les plus précieuses : la subtilité et l'énergie. Grâce à quoi elle fascine les femmes et se fait obéir des hommes. Si l'on excepte quelques machos irréductibles qui déclarent « attendre que les choses rentrent dans l'ordre », tous les cadres moyens et supérieurs chantent ses louanges. Tout au plus lui reprochent-ils d'être plus entourée de femmes que ses prédécesseurs.

De sa vie privée on sait seulement qu'elle a un mari, financier de son état, qu'on ne voit jamais, deux enfants qui poursuivent des études supérieures, une maison de famille en Normandie et un appartement bourgeois près du Trocadéro. Pas de quoi en faire un personnage de roman. Sa secrétaire particulière qui ne dit mot doit, croit-on, en connaître davantage, qui lit son courrier, lui passe ses communications téléphoniques personnelles et tient un agenda sur lequel ne figurent pas que les obligations professionnelles. Son chauffeur également, aussi informé, comme tous ses congénères, par les déplacements qu'on lui confie que par ceux pour lesquels on préfère se passer de ses services.

Le parcours de Marie-France est simple : elle est sortie en bon rang d'HEC, elle est chevalier du Mérite national et elle a gravi – très vite – toutes les marches de l'escalier qui mène à l'étage présidentiel. Elle soigne autant sa mise que celle de ses actionnaires. Le groupe serait sens dessus dessous si elle arrivait un matin au bureau mal coiffée et habillée à la diable. Elle impressionne les délégués syndicaux par une classe naturelle que renforce un parfum discret, des vêtements bien choisis, une sérénité à toute épreuve et l'air d'en savoir toujours plus qu'elle n'en dit. Atypique, apolitique, agnostique, elle prend bien garde de ne pas être asociale. Elle s'efforce de connaître, et surtout de reconnaître, ses employés en poussant l'esprit d'ouverture jusqu'à déjeuner frugalement à la cantine une fois par an.

Capable de discuter toute une année avant d'accorder une augmentation minime de salaire, de refuser une diversification aussi hasardeuse que flatteuse et de croire plus à la vérité des chiffres qu'aux mensonges des hommes, Marie-France jouit, et parfois pâtit, d'une réputation de gestionnaire pure et dure. Tous les mois, elle préside un dîner de femmes chefs d'entreprise où il est déconseillé d'aborder la parité et le féminisme puisqu'au moins pour les participantes, ces questions sont réglées. Sensible à l'élégance et à la beauté, elle se défend toutefois d'engager ses plus proches collaborateurs sur leur bonne présentation. Ainsi est-elle entourée de cadres brillants mais souvent hirsutes, barbus et peu soignés. Ses rapports avec le pouvoir sont courtois mais sans plus.

Comme ses relations avec les journalistes qu'elle parvient à tenir à distance sans se fâcher avec eux.

Le seul drame de Marie-France réside dans sa réussite : ayant déjà obtenu son bâton de maréchal dans une multinationale, elle n'a plus d'avancement à espérer. Sans doute redoute-t-elle de se retrouver un jour face à un conjoint auquel elle n'aura alors plus rien à raconter que les affres accompagnant toute mort sociale et qui, s'il demande le divorce, est capable, comme le précédent, de demander et d'obtenir une pension alimentaire.

# NADÈGE, LA GAUCHISTE

Ses parents étaient banquiers. C'est dire si la gauche dont elle se réclame depuis son vingtième anniversaire est pure et dure. D'une enfance dorée et d'études privilégiées, Nadège n'a retenu que les insupportables inégalités qui lui ont, un temps, profité. Elle a honte d'une expérience personnelle qu'elle n'évoque que parce qu'elle étaye ses théories révolutionnaires.

De sa splendeur passée, Nadège a tiré la conscience qu'on peut vivre beaucoup mieux qu'elle ne vit aujourd'hui. Elle passe outre, sachant que son engagement est pétri de précarité, d'inconfort et que ses actuels camarades la jugeront sur des sacrifices qui n'en sont pas pour elle car sa haine circonstanciée des riches englobe tous les agréments de l'existence. Nadège vit avec Raimondo, un maçon italien rencontré grâce à une petite annonce de *Libé*. Dès le début, ils ont décidé de ne pas faire des enfants mais des meetings. Tous deux attendent le grand soir en se levant de bon matin, lui pour rejoindre son chantier, elle pour tenir la caisse d'un supermarché où elle apprend, de surcroît, à détester la société de consommation coupable d'embourgeoiser la classe ouvrière.

Naturellement, Nadège a rompu avec sa famille. Elle ne voit plus ses parents qui ont prétendu qu'elle s'était expatriée au bout du monde jusqu'à ce qu'elle apparaisse au Journal télévisé en tête d'un défilé revendicatif. Elle a également coupé les ponts avec ses frères et sœurs, tous diplômés, bien mariés et nantis. Les revoir lui serait fort désagréable mais les risques de rencontres sont infimes depuis qu'elle a renoncé à fréquenter le beau monde et les beaux quartiers.

Nadège n'est pas isolée pour autant. Elle vit au centre d'un réseau dont les maillons venus d'horizons différents communient à travers une même idéologie. Ils sont journalistes payés au SMIC, comédiens à la fois engagés et sans travail, professeurs épris de lutte des classes. Certains connaissent les origines de Nadège, l'admirent pour son renoncement ou surveillent de possibles rechutes. Les autres n'imaginent pas qu'enfant elle était servie par des domestiques portant habit et gants blancs. Elle pense parfois à la « reprise directe » définie par les amis de Ravachol et qui lui permettrait, en compagnie d'une foule ivre de pillages, d'aller dévaster ces hôtels particuliers qu'elle connaît bien, conservatoires honnis de l'injustice sociale. Elle lit Gracchus Babeuf, admire Fidel Castro et considère le PCF comme un ramassis d'apparatchiks avec des habitudes de nababs. Elle voue au diable tous les porteurs d'uniforme (garçons d'ascenseur inclus), la totalité des fonctionnaires, les politiciens traditionnels et surtout ce corps électoral prêt aux compromis les moins honorables pour peu qu'on le caresse dans le sens de ses médiocres ambitions.

Nadège envie les kamikazes qui savent mourir pour leurs idées en dynamitant l'univers qu'ils exècrent. Elle rêve d'une République des pauvres sans chef ni lois où le nivellement se ferait au plus bas. Le Larzac l'a tentée mais elle a horreur de la campagne avec sa flore qui pique et sa faune qui mord. Nadège refuse d'acquitter les impôts – très modestes – que l'administration lui réclame sans savoir qu'elle n'ouvre jamais son courrier. Elle traverse hors des clous, roule sur les trottoirs avec son vieux vélo et sèmerait volontiers ses détritus sur la voie publique si elle n'avait pas un faible pour la tendance écolo. Elle ne pardonnera jamais à un gouvernement (forcément de droite puisqu'elle tient aussi les caciques socialistes pour des suppôts de la réaction) de l'avoir forcée à ouvrir un compte en banque, ravivant ainsi sa honte originelle.

## LUDIVINE, L'ANIMATRICE DU PETIT ÉCRAN

Surnommée la divine par ses fans regroupés en clubs régionaux, Ludivine sait, parce qu'une ancienne grande star de la télé tombée dans la débine le lui a expliqué, que son règne durera deux ou trois ans, cinq au maximum, et qu'ensuite elle sera oubliée, rejetée, méprisée. Alors, pour l'heure, elle profite de cette notoriété non qualitative que procurent les apparitions récurrentes sur le petit écran.

Ludivine n'a pas de personnalité mais de l'à-propos, pas de culture mais quelques connaissances, pas de mémoire mais un prompteur. Elle travaille pour une chaîne à laquelle, comme son nom l'indique, elle est étroitement liée. Et corvéable à merci. Son contrat lui fait par exemple obligation d'étaler sa vie privée dans les supports choisis par la direction de la communication. Chacune de ses idylles est l'objet d'une série de reportages. Quand elle rompt, c'est moins par désaffection pour un partenaire que pour ne pas faire mentir les journalistes qui ont annoncé, dès le début, que son couple se désagrégerait rapidement. La raison invoquée est toujours la même : un homme – un vrai – ne saurait se satisfaire d'être seulement « Monsieur Ludivine ».

Avec les encouragements trébuchants d'un fabricant de bouillies lactées, la belle a pris le temps de faire un enfant. Une grossesse pudiquement dissimulée jusqu'au mois précédant l'accouchement par un cadrage extra-utérin. Il s'en est suivi une forêt de marronniers familiaux : premiers pas dans la nursery ; première chute avec bosse au front ; baptême en présence de l'aristocratie hertzienne. On n'a échappé à l'allaitement maternel que parce que le sponsor veillait au grain.

Professionnellement, Ludivine peut tout faire puisqu'elle ne sait rien faire de précis. Son défaut de tempérament et son manque d'aspérités garantissent sa transparence. Elle se montre aussi à l'aise dans une émission de divertissement que dans un magazine d'informations. Jamais un mot plus haut que l'autre. La ponctuation est uniquement palpébrale qui cultive l'art du non-dit à l'aide des mouvements de deux paupières furtivement abaissées sur les malheurs du monde. Le « coach » de Ludivine est un foudre de droits dérivés. Elle lui doit d'avoir sorti deux disques (dont on a beaucoup parlé et qu'on n'a pas du tout entendu), d'avoir lancé une ligne de sportswear dont elle a été l'unique cliente et d'avoir publié – à vingt-trois ans ! – un gros livre de Mémoires foisonnant d'anecdotes totalement inventées par un consortium de « nègres » obsédés.

De la même façon, Ludivine s'est vu imposer les vedettes avec lesquelles elle doit sortir et se laisser photographier. Un dialoguiste lui prépare tantôt les questions qu'elle doit poser aux invités dans ses propres shows, tantôt les réponses qu'elle doit faire dans les shows des autres auxquels elle est reconventionnellement conviée. Quand un sujet la prend de court, elle rit de toutes ses soixante-quatre dents en découvrant la lèvre supérieure charnue que son agent lui a offerte pour son vingt-deuxième anniversaire. Les aimables surplus de son corsage font oublier le vide de sa tête. Ludivine n'en est que plus populaire qui ne cherche pas à jouer les intellectuelles, qui embrasse tous les enfants comme si c'étaient les siens et qui prépare elle-même en toute simplicité le petit déjeuner chaque fois qu'est annoncé le photographe d'un magazine people.

Ses audiences vont de moyennes à bonnes. Des milliers de jeunes filles se coiffent comme elle. Des centaines de maman ont, à son exemple, prénommé leur premier fils Grégoire. Chaque semaine, elle livre ses recettes de cuisine et de bonheur (à l'entendre, il n'y a pas de différence) dans une publication féminine. Au fil d'une autre, elle tient un courrier du cœur qui ne descend jamais plus bas. Son attaché de presse insiste sur son appétit culturel : l'année dernière, n'a-t-elle pas lu *Les Trois Mousquetaires* ?

Elle vient de recevoir son bâton de maréchal sous la forme de la présentation du Journal de 20 heures. Elle y traite l'actualité générale ou de proximité avec les mots qui conviennent (assemblés par de vrais professionnels de l'info) égrenés par ses soins sur le ton qu'il faut. Et sachant qu'il n'existe que deux grandes catégories d'interventions : avec les bras nus ou avec des manches longues. Et que ses fans ne montent pas tous le son...

## Juliette, la Je-sais-tout

À la fois héritière des Précieuses et disciple des bas-bleus, Juliette dispose d'une érudition aussi large qu'incertaine. Ayant suivi moins d'études que de conversations et disposant d'un vocabulaire devant beaucoup aux mots croisés, Juliette se vante de savoir tout sur tout. Traduisez : elle parle de tout sans savoir rien.

Aucun sujet, même politique ou économique, ne la prend au dépourvu. Elle tient à placer son grain de sel, fût-ce devant des spécialistes qui sourient poliment. Le réchauffement de la terre ? Elle l'avait prévu dès 1990 lors de vacances caniculaires en Grèce. La sécheresse ? Elle l'a éprouvée personnellement la semaine où son épicier s'est trouvé en rupture de stock d'eau minérale. La guerre d'Irak ne l'a pas surprise davantage, qu'elle commente impavidement à l'aide d'expressions glanées à la radio ou à la télévision et qu'elle ressert d'un air pénétré comme si elles étaient le fruit d'une longue réflexion personnelle. Évoque-t-on un livre fraîchement paru, voire à paraître ? Elle l'a déjà lu et, selon son humeur du moment, l'encense ou le descend en flammes.

Sur la médecine, elle ne s'en laisse pas conter non plus. Elle passe à la loupe les ordonnances de ses amies, conseille de différer une intervention chirurgicale à la lumière d'une expérience limitée pour l'instant à une appendicectomie. Elle a son avis sur le Viagra et sur la DHEA qu'elle assimile respectivement aux bonnes vieilles dragées d'Hercule et à la non moins classique Jouvence de l'Abbé Soury. Parfois, emportée par son élan, Juliette conte par le menu, des événements auxquels son âge ne lui a pas permis d'assister en présence d'authentiques témoins, médusés. Intarissable sur la politique intérieure ou internationale, elle affirme sans rire tenir ses renseignements et ses analyses de gouvernants amis qu'elle désigne par leur prénom afin d'accréditer une familiarité illusoire. Ses prévisions ne le cèdent en rien à ses constatations. Elle fournit, à qui veut l'entendre, le calendrier des prochaines guerres et des catastrophes à venir. Quand une grève se déclenche, elle révèle les conversations secrètes qui ont préludé entre grossiums du syndicalisme. Lorsqu'un crash aérien se produit, elle s'approprie instantanément toutes les généralités égrenées par les médias dans les minutes qui suivent où l'on meuble l'antenne en disant n'importe quoi.

Se tait-elle quelques instants ? Elle rassemble les idées générales à l'aide desquelles elle espère reprendre l'offensive verbale. Dans les dîners en ville, elle essaie de briller avec l'esprit des autres en citant pêle-mêle et rarement avec exactitude Wilde, Nietzsche, Allais, Schopenhauer, Coluche et surtout Spinoza afin de pouvoir évoquer au passage son passé d'opticien. En peinture, elle se prétend capable de reconnaître un tableau dont on occulte la signature de la même façon qu'elle peut identifier un bordeaux sans étiquette. Elle a tout lu et tout retenu, tout vu et tout compris.

Sa carrière amoureuse – terminée depuis plusieurs années – n'est pas moins impressionnante qui lui a permis de partager la couche des séducteurs haut placés et d'infliger des rebuffades aux principaux don Juan de l'après-guerre. Lorsqu'on lui demande pourquoi, avec une telle science et de telles relations, elle n'a jamais rien publié, elle argue sans rire du secret d'État, du respect de la vie privée et d'une discrétion que ses proches – de moins en moins nombreux – n'ont jamais remarquée.

# Théodora, la marieuse

Divorcée trois fois elle-même, Théodora n'ambitionne que de marier ses amis et connaissances. Les couples déjà formés ne l'intéressent que si, étant susceptibles de se dissoudre, ils libèrent ainsi de nouveaux candidats au conjugo.

Pour parvenir à ses fins, totalement pures car elle se défend de constituer une agence matrimoniale, Théodora est prête à tout. Elle n'organise des déjeuners, des dîners, des cocktails, des voyages que pour permettre à des contemporains, provisoirement esseulés, de trouver leur moitié d'orange. Sa méthode est simple. Elle consigne d'abord, sur les deux petits carnets correspondant aux principaux sexes, les identités, curriculums sentimentaux et photographies. Puis elle résume les observations qu'elle a faites et qui concernent le caractère, les goûts, les manies. Car, comme elle se veut avant tout efficace, le recensement des affinités électives ne doit rien laisser au hasard. Par peur de se tromper, il lui arrive d'« essayer » un homme jugé mystérieux. Ainsi, sa religion étant faite, peut-elle choisir sans risque d'erreur la partenaire la mieux adaptée.

Théodora a l'impression d'exercer un sacerdoce puisqu'elle répand le bonheur autour d'elle durant un temps variable et de manière désintéressée. Elle ressent chaque mariage – car elle demeure farouchement opposée au concubinage – comme une victoire personnelle remportée sur l'indifférence et sur la solitude. Invitée – c'est bien le moins – à la noce, choisie comme témoin par l'un des conjoints, elle s'attache aux couples qu'elle a formés et prend souvent de leurs nouvelles. Une naissance la réjouit, une mésentente l'inquiète. Un divorce la consterne jusqu'à ce que, comme elle dit, elle « reprenne le dossier ».

En quinze années d'inlassable activité, elle a dû réussir une soixantaine de fois ce qu'elle nomme pudiquement une « opération » en expliquant qu'il s'agit d'une greffe des corps et d'une fusion des esprits. Tâche délicate qui exige patience et diplomatie. Car Théodora doit aussi tenir compte des incompatibilités d'humeurs et des compatibilités financières. Souvent les accordailles trébuchent au dernier moment sur des détails sordides. Théodora, qui a étudié les différents contrats de mariage, se targue d'avoir une solution pour chaque problème. Peu lui importe qu'il y ait séparation de biens s'il n'y a pas séparation des tourtereaux.

Lorsqu'elle convie chez elle pour la première fois deux êtres qu'elle ambitionne d'unir, elle n'a pas sa pareille pour les mettre à l'aise, diffuser en fond sonore une musique très douce qui amollit les réserves et aide à dompter les timidités. Dès qu'elle estime que la détente est complète, elle s'esquive sous un prétexte futile, puis revient s'assurer que l'affaire suit son cours. Quand on lui demande pourquoi elle ne prêche pas par l'exemple en passant pour la quatrième fois devant le maire, elle excipe qu'elle est trop désireuse de contribuer à la félicité des autres pour s'occuper de son propre bonheur. Une noble et louable attitude que dément le regard qu'elle pose sur un beau couple à la minute du consentement mutuel. La réalité doit être différente car si, sur le long chemin de l'existence, Théodora marche pieds nus c'est parce qu'elle n'a pas trouvé chaussure à son pied.

## Irène, la « Suis-je la plus belle ? »

Bien qu'il soit l'objet principal de sa chambre, Irène ne fait plus aucune confiance à son miroir. Elle préfère se regarder dans les yeux de ceux qui l'aiment et auxquels elle ne cesse de poser la même question, de plus en plus angoissée au fil des années :

— Suis-je la plus belle ?

Sans écouter la réponse car elle a, sur ce primordial sujet, son idée qui, selon les jours et les éclairages, n'est pas toujours la même. C'est vers la quarantaine qu'elle a décidé de modifier son interrogation : « Suis-je la plus belle ? » en demandant : « Suis-je toujours la plus belle ? »

De la même façon que les sportifs examinent à la loupe leurs performances et que les écrivains surveillent leurs ventes, par souci d'efficacité, par appréhension de ne plus être dans le coup. Et sachant que la réussite est, comme le bonheur, affaire de comparaisons.

Autant dire qu'Irène se soucie d'abord des apparences. Peu lui chaut que l'intérieur se lézarde si la façade demeure présentable. Pour réparer des ans l'irréparable outrage, Irène a transformé une pièce de son appartement en institut de beauté, avec sauna et cabine d'UV. Une balance lui sert de directrice de conscience. Ses avis matinaux sont sans appels qui règlent (ou dérèglent) le déroulement de ses repas et l'ordonnance de ses journées.

Une armoire recèle l'accumulation des crèmes miraculeuses qui doivent lui assurer une jeunesse perpétuelle. À chaque endroit (surtout visible) du visage et du corps correspondent les petits pots et les fioles commercialisés par des émules du Docteur Faust. Irène fait également confiance à son coiffeur, premier confident de ses tourments, à son esthéticienne, à son pédicure, à son masseur et à son acupuncteur. Chacun œuvre pour la beauté et l'équilibre d'une parcelle de sa précieuse personne. Elle les apprécie aux résultats qui conditionnent la réponse des contemporains auprès desquels elle s'enquiert :

— Suis-je toujours la plus belle ?

Comme elle n'ignore pas que, dans le futur, le textile est appelé à prendre de plus en plus la relève de l'épiderme, elle apporte beaucoup de soins à constituer, à entretenir et à renouveler sa garde-robe. Chaque vêtement nécessite des heures d'examen préalable à l'acte d'achat et des minutes de réflexion lorsqu'il s'agit, en fonction de la saison, de la circonstance et de l'humeur, d'en faire le meilleur usage. Les hommages masculins qui, dans son adolescence, l'irritaient lui semblent aujourd'hui constituer le meilleur encouragement pour son statut de femme encore séduisante. Au point qu'elle accorde plus de valeur – sans leur donner suite – aux propositions précises et rustaudes, passant outre aux compliments mondains qu'elle attribue davantage à la politesse du courtisan qu'à son propre pouvoir d'attirance.

La vieillesse inquiète Irène. Elle préférerait disparaître en pleine beauté plutôt que de survivre au prix de disgrâces croissantes. Elle s'est résignée à réduire progressivement ses décolletés, à cacher ses bras et à ce que ses mains ne précisent pas un âge qu'elle entend dissimuler à l'instar de ces centenaires dont la dernière volonté est qu'on oublie leur ancienneté terrestre dans le faire-part de décès.

Pour Irène, la beauté aura été, comme le génie, une longue patience, une occupation à plein temps, un souci de chaque minute. Lorsqu'elle aura cessé d'être belle, ainsi qu'elle l'entend, elle fera certainement une très jolie vieille dame.

## MADELEINE, LA BIGOTE

Pour un rien qui l'inquiète, elle se signe. Pour obtenir une faveur précise, elle en appelle à un saint patron, sachant qu'on ne doit déranger le Bon Dieu que dans les occasions graves. Sa religion est faite de grands rituels et de petites superstitions. Elle aurait aimé figurer parmi les agapètes qui servaient le Christ et ses apôtres voilà deux mille ans. Elle se console en aidant le bedeau de sa paroisse à réaligner les prie-dieu après l'office, en donnant des cours de catéchisme et en passant l'aumônière dans les travées les jours de mariage huppé.

Pour mieux se consacrer au Seigneur, Madeleine est demeurée vieille fille. Un mécréant prétend : « Elle offre à Dieu ce dont les hommes n'ont pas voulu. » Sans doute a-t-elle suscité, quand elle était plus jeune, des propositions, aussitôt jugées malhonnêtes. Peut-être aurait-elle connu, elle aussi, les troubles emportements de l'alcôve. Mais le Tout-Puissant veillait sur sa pureté virginale. Très tôt, elle a su que le sexe était un cadeau empoisonné de Satan. Puis elle a compris qu'il faut choisir entre le Créateur et les créatures et qu'on ne peut être à la fois aux genoux d'un homme et aux pieds d'un divin maître. Elle assure aujourd'hui que sa seule passion aura été celle du Christ, que Dieu l'a rendue plus heureuse que le plus doué des amants, qu'à toutes les positions amoureuses elle a préféré celle de la prière qui ménage les organes et qui élève l'esprit.

Les journées de Madeleine sont rythmées par les cloches et réglées comme un bréviaire. Elle se lève en priant le saint du jour. Quotidiennement, elle se rend six fois à l'église toute proche à moins qu'elle ne prie dans son oratoire personnel où elle a entassé sculptures et images pieuses, crucifix et chapelets achetés par correspondance aux patenôtriers agréés par l'évêché. Tout est organisé selon les prescriptions du culte et jugé selon la morale chrétienne. Madeleine ne décroche pas le téléphone durant ses dévotions, observe scrupuleusement le Carême en rappelant qu'au Moyen Âge on arrachait les dents aux impies qui, le vendredi saint, avaient mangé de la viande. Elle n'admet pas davantage la piété tiède que l'impiété. Quand les prêtres donnent le signal des cantiques, sa voix – qui n'est pas la plus mélodieuse – dépasse toutes les autres. Elle ne manque pas une occasion de communier, tête basse, yeux clos, aussi recueillie que les saintes sur les vitraux. Elle se flatte d'entretenir des relations privilégiées mais respectueuses avec les desservants auxquels elle prodigue petits cadeaux et conseils. D'elle, un curé épicurien, qui appréciait son zèle prosélyte, dit :

— Madeleine est le fond de sauce que m'a envoyé le grand chef de l'univers.

Elle vit plus intensément à Pâques et à Noël lorsque l'Église s'autocommémore, tenant pour un petit miracle que la Nativité et la Résurrection continuent autant à l'émouvoir après un demi-siècle de pratiques. Les bénédictions télévisées du Saint-Père la mettent en transes. Trois fois brancardière à Lourdes, elle affirme avoir assisté à plusieurs miracles qu'attestent, à l'entrée de la grotte, des ex-voto et sur sa personne quelques médailles tintinnabulantes.

## *Madeleine, la bigote*

Madeleine vit très mal certaines accélérations de nos mœurs qui voient se développer, sous la lumière crue et cruelle des projecteurs médiatiques, l'homosexualité, le divorce et, surtout, ces paradis artificiels qui font une concurrence déloyale au sein d'Abraham. Et n'allez pas lui dire que la vertu est une qualité négative puisqu'elle ne profite à personne et n'engendre que des frustrations. Madeleine vous répondra que le Très-Haut ne souffre aucune comparaison avec le très bas, que l'homme conçu par Dieu à son image doit lutter contre ses instincts (est-ce à dire que Dieu en possède aussi ?) et enfin – c'est son leitmotiv favori même quand les catastrophes naturelles se multiplient et même quand les trains de pèlerins déraillent – que « Dieu est amour ». Elle plaint sincèrement les athées, les agnostiques, les impies dont les contradictions ou leur absence de croyance constituent autant de sacrilèges. Elle les tient pour les « vrais pauvres » d'une époque déliquescente et regrette volontiers ce Moyen Âge où la Sainte Inquisition savait remettre les pécheurs – fût-ce rudement – dans ce droit chemin qui mène au ciel.

## Jeanne, la femme esclave

Elle n'a jamais cherché des maris ou des amants mais des maîtres. C'est dire qu'elle a été comblée, sainte Jeanne, emprisonnée chez elle, mise aux fers (à repasser), condamnée aux travaux forcés ménagers, livrée sans défense associative et syndicale à tous les sévices sexuels. Toute sa vie, elle aura marché vers ces supplices pour lesquels elle était tantôt volontaire tantôt consentante. Battue par ses parents, molestée par ses camarades, fustigée par ses professeurs, elle est devenue à l'âge adulte une proie désignée et facile pour ces prédateurs en pantalon qui, faute d'avoir pu commander dans leur vie professionnelle, font régner la terreur dans leur vie privée.

Parfois elle pleure sous la douleur ou la charge de vaisselle à laver ou le nombre de chemises à repasser. Souvent, elle en redemande. Fière d'être la chose d'un homme auquel elle s'offre en holocauste non plus seulement la nuit mais toute la journée, émoustillée par les contraintes, excitée par les menaces, sublimée par les coups. Au lieu de s'affliger sur son sort, Jeanne compatit à celui des femmes prétendues libres qui vont et viennent à leur guise, engagent des domestiques et divorcent d'avec les lunatiques et les brutaux. Infortunées qui n'ont pas rencontré de vrais mâles, qui croient s'épanouir davantage dans la liberté d'agir que dans la volupté d'obéir.

Jeanne ne sort jamais de chez elle ou presque. Car l'homme dont elle dépend peut rentrer à tout instant et prendrait fort mal son absence. Pour éviter ses crises de jalousie, qu'elle ne veut considérer que comme des marques d'amour, elle s'abstient de téléphoner ou d'écrire des lettres qu'il pourrait assimiler à des appels au secours. Non seulement elle ne vitupère jamais sa chienne de vie, mais elle se réjouit d'être traitée comme une chienne qui apporte les chaussons à son maître, frétille sous le regard et défaille sous la caresse. Jeanne ne s'ennuie pas pour autant, toujours occupée à balayer, à brosser, à récurer et à préparer les petits plats qui servent de philtres aux grandes amours.

Les voisins, qui ne la rencontrent jamais dans l'escalier et qui ne la voient pas davantage à la fenêtre, ignorent qu'elle existe. La concierge a appris à lui passer le courrier sous la porte. Les provisions commandées, une fois pour toutes, lui sont déposées à jour fixe sur le palier et elle attend pour s'en emparer que le bruit des pas du livreur se soit éloigné. Son mari a des amis qu'il rencontre au café. Pas elle. Elle a rompu avec sa famille afin, explique-t-elle sans rire, de vivre son bonheur sans témoin. Si les sanctions pleuvent en cas de faute vénielle (une viande mal cuite, des traces de poussière), les récompenses se matérialisent sous forme d'étreintes ou, deux ou trois fois par an, par une sortie (accompagnée) à travers la ville que Jeanne perçoit comme un calvaire bruyant et malodorant, trop heureuse de regagner ensuite sa prison aseptisée. Elle ne regrette même pas d'être restée sans enfant. Elle aurait eu trop peur, en étant obligée de se sacrifier pour deux personnes, de trahir cet apostolat domestique qui l'enchaîne au foyer comme une vestale, toujours aux ordres du grand prêtre de ses nuits.

Les féministes n'évoquent jamais la dure condition de Jeanne, sous-femme soumise aux volontés d'un surhomme. Aucune statistique ne la recense. Les journalistes ne parlent pas d'elle. Les chantres des libertés bafouées l'ignorent. Normal : Jeanne ne s'est jamais plainte.

# Emma, la bonne cuisinière

Certes, elle préfère mitonner pendant huit heures un gigot dit de sept heures mais elle est parfaitement capable de préparer à la dernière minute un succulent encas pour vingt convives. Devant ses fourneaux, Emma s'épanouit, imagine, improvise, exulte. Bien que l'invention soit rare en cuisine, elle a déjà attaché son nom à un cœur d'artichaut truffé de tomates confites. Elle mange peu mais elle adore nourrir des affamés. Chaque plat vidé réchauffe son cœur avant d'encombrer l'évier. Du coup, elle juge ses contemporains sur leur comportement à table : quelqu'un qui possède un bon coup de fourchette et ne lésine pas sur le bordeaux lui est d'emblée sympathique. À l'inverse, le convive qui chipote ne sera jamais réinvité. Quand elle a « du monde », elle se lève à l'aube pour faire le marché, tourne ses sauces, dose au gramme près les ingrédients de ses pâtisseries et cuit sa côte de bœuf au pif, c'est-à-dire à l'odorat et sans jamais regarder la pendule, comme les vrais rôtisseurs. Généreuse dans ses préparations, elle devient avare dès lors qu'il s'agit de communiquer ses recettes qu'elle refuse carrément de transmettre ou dont elle omet, quand on insiste, un élément essentiel.

Emma vit entourée d'une meute de goinfres à prétentions gastronomiques qui font de la « bouffe » une composante de l'humanisme, échangent leurs adresses de bons bistrots entre deux bouchées et, comme les cochons, dévorent tout ce qu'on a mis dans leur auge. Pas dupe du rituel dont l'homme entoure sa sustentation, elle sait que si la préparation des plats peut relever de l'art, la consommation des mets, elle, satisfait d'abord et surtout l'estomac avant de flatter l'esprit.

Il faut la voir examiner l'œil mort d'une daurade, humer une truffe, soupeser un melon, goûter un beurre blanc pour mesurer à quel point elle s'investit. Les grands cuisiniers qui pontifient à longueur de médias l'indiffèrent quand ils ne l'exaspèrent pas. Elle leur reproche de vouloir s'approprier un exercice que des milliers de femmes douées pratiquent aussi bien qu'eux. Elle a plusieurs fois refusé d'ouvrir un restaurant pour ne pas tomber dans la routine sordide qu'elle accuse de réduire toutes les succulences à une banale addition.

Quand elle apparaît en fin de repas, le tablier moins blanc, les pommettes plus roses et qu'elle consent à s'attabler devant une simple salade de tomates assorties d'un œuf mollet, comme si satisfaire la faim d'autrui calmait son propre appétit, Emma promène sur son petit monde repu le regard d'une jeune mère après la tétée. Assez fière, sans qu'elle l'avoue, d'avoir transformé en fête raffinée l'assouvissement d'instincts peu nobles. Elle élude les compliments mais elle les enregistre. De la même façon que, les invités partis, elle note sur un agenda spécial leurs noms et le menu qui leur a été servi afin de varier les plaisirs la prochaine fois.

De méchants souvenirs la poursuivent longtemps : une hollandaise ratée ; un onglet rebelle sous la dent ; une pâte feuilletée devenue molle. Elle comprend le désespoir de Vatel devant la marée qui n'arrivait pas ; le suicide de Loiseau menacé de perdre une étoile. Mais comme elle ne fait pas métier de la bonne chère, il lui suffit de conserver sa propre estime pour continuer à s'affairer à la confection des chefs-d'œuvre les plus périssables du monde.

Quand on la complimente, Emma demande qu'on accorde une partie des lauriers à son boucher qui est le meilleur de la région, à ses fournisseurs de légumes, à son affineur de fromages, à son crémier qui baratte son beurre lui-même. Et elle termine son générique avec la raison sociale de l'installateur de sa cuisine qui lui permet de disposer d'un four de professionnel et d'une collection de casseroles à rendre jaloux un politicien véreux.

## LISON, LA CURIEUSE

Elle regarde tout ce qui ne la regarde pas. C'est-à-dire les poches, le courrier et le comportement de gens qui ne sont pas toujours des proches. Pour rien. Pour le plaisir. Par habitude. Si elle avait fait carrière dans les services secrets, la passion du renseignement qui l'anime lui aurait valu les plus hauts postes. Bénévole de l'indiscrétion, elle se contente d'être une petite banque de données sur deux jambes dont les varices attestent que le sang circule moins facilement que les commérages.

Non seulement Lison lit les lettres qui ne lui sont pas adressées (quitte à décoller à la vapeur les enveloppes rétives), bâtit des romans sur le cachet de la poste, imagine le pire sur des en-têtes administratifs, ouvre systématiquement les tiroirs de meubles ne lui appartenant pas, décroche subrepticement les combinés téléphoniques jumelés, mais elle fouille les passés et examine à la loupe des présents qu'elle s'évertue à débarrasser de leurs plus minuscules zones d'ombre. Pratiquant à son seul bénéfice le journalisme d'investigation, elle ne cesse de s'enquérir du salaire des uns et des amours des autres. Aucune conversation ne se tient dans un rayon de dix mètres sans qu'elle tende l'oreille.

Chaque contemporain dispose dans sa mémoire d'une fiche qu'elle complète de mois en mois à l'aide des détails jugés signifiants et des anecdotes tenues pour révélatrices qu'elle a découverts. Permanente, sa quête d'informations culmine à chaque divorce, à chaque trépas lorsqu'un changement de situation familiale délie les langues et attise les convoitises. Après quoi, dans le calme de sa cuisine, Lison s'efforce, en reliant entre eux des éléments épars, de mettre en perspective les vices et les turpitudes, joyaux de sa collection.

Elle garderait pour elle tous ses secrets si elle ne rencontrait pas, de temps à autre, d'autres curieuses avides d'échanger leurs tuyaux ou désireuses d'éclairer une biographie encore obscure. Pour parfaire sa documentation, Lison entretient d'excellents rapports avec les gendarmes et les policiers. Ces derniers l'aident à tenir ses dossiers à jour. En reconnaissance de quoi, elle leur suggère parfois, durant une enquête, une piste à laquelle ils n'avaient pas songé. La lecture assidue de la presse *people* fait le reste qui l'approvisionne en histoires croustillantes.

Souvent, lorsqu'elle bavarde avec l'objet d'une de ses « surveillances » comme elle dit, Lison se coupe en faisant état d'un fait qu'elle ne devrait pas connaître et qu'elle livre avec la légitime fierté d'une femme se flattant de tout savoir. Enfin, elle possède l'art d'extrapoler une conduite délictueuse à propos d'un bouton manquant ou d'une tache mal placée.

Si elle osait, elle scruterait – au sens propre – le linge sale afin de mieux connaître les véritables dessous d'une société pas très nette mais à laquelle elle conserve, par amusement, sa bienveillance. Et sachant que le malheur d'autrui fera son plus grand bonheur lorsqu'apprenant un suicide ou une faillite, elle susurrera doucement, comme à regret :

– *C'est terrible. Mais je m'y attendais...*

## VÉRA, LA MÉNOPAUSÉE

Elle s'est fait beaucoup de mauvais sang avant l'échéance fatidique, plusieurs fois reportée, comme si la nature avait longtemps hésité avant d'astreindre un organisme d'une telle qualité à une aussi banale retraite physiologique. À l'aide de témoignages d'aînées plus âgées et de lecture de bouquins spécialisés, elle s'est peu à peu familiarisée avec un état présenté par certains comme une petite mort et tenu par d'autres pour une seconde naissance. Elle a connu les crises de larmes sans raison, les bouffées de chaleur en plein hiver, les vertiges au ras du sol, les angoisses nocturnes, l'appréhension de devoir mettre un terme à sa vie affective et sexuelle. Elle s'est remonté le moral avec des traitements hormonaux promettant un sursis jusqu'aux approches de la soixantaine. Et puis, de rémission en rémission, de plus en plus espacées, le phénomène annoncé s'est produit, la mettant en face d'une réalité déterminée par la nature et à laquelle, de ce fait, aucune créature ne saurait échapper : elle ne sera pas l'exception qui confirme les règles.

Elle a basculé définitivement dans le camp des femmes qui ne peuvent plus être mère. Avec le bon côté de la chose : plus de précautions à prendre ; plus de périodes durant lesquelles elle devait, en veillant sans cesse au grain, s'abstenir de nombreuses activités. Des souvenirs de douleurs cataméniales, insupportables et vexatoires, lui sont revenus en mémoire. Sur ce plan les tourments sont également terminés. D'autres prennent la relève qui lui font craindre, si elle tombe de nouveau amoureuse, de ne plus se montrer à la hauteur de la situation et de décourager son partenaire. Toute une pharmacopée prometteuse la sollicite. Mais son médecin freine son zèle médicamenteux en arguant que les hormones ne sont jamais inoffensives et qu'en leur confiant le soin de pallier des déficiences mineures, on risque de leur accorder le droit de provoquer des désordres majeurs.

Telle est Véra aux derniers feux d'une cinquantaine par ailleurs comblée, belle comme le jour déclinant, pleine de ressources et débordante de projets. Pour l'heure, elle ne sait pas encore quelle attitude elle adoptera devant ce chambardement intérieur qui ne va jamais sans séquelles psychologiques. Au carrefour de son second demi-siècle, elle a hésité à choisir entre deux comportements observés chez Ève et Claude, deux amies très chères qui l'ont devancée de plusieurs années sur le chemin de la ménopause et qui n'ont pas réagi de la même façon. Ève ne laisse jamais passer l'occasion de claironner qu'elle est une femme nouvelle, neuve, épurée, qu'elle ne regrette pas le *statu quo ante* et – même après deux verres d'un bon bordeaux – qu'elle voit la vie d'un œil nouveau, plus optimiste que jamais. Véra n'ambitionne que de nier la réalité et de donner le change aux copines de mauvais augure. Ainsi, lorsqu'elle « fait son sac » le matin, avant de quitter son domicile, n'omet-elle pas de placer en évidence au-dessus des cigarettes, du briquet et du mouchoir, la petite boîte de tampons *ad hoc* qu'elle dissimulait aux regards quand elle s'en servait vraiment...

# Paule, l'avocate

Pour ne pas porter deux robes l'une sur l'autre, elle plaide en pantalon. Depuis ses débuts au barreau, elle fait fi de l'élégance féminine. Ainsi, le lapin qui orne ses rabats n'a-t-il aucun complexe d'infériorité devant la zibeline des hauts magistrats. La basoche a toujours aimé la fourrure. En revanche, elle apprécie peu les uniformes censés lui prêter main-forte. Paule connaît les traditions. Son grand-père était premier président. Son père, procureur général, avait épousé une avocate quelques mois après de rudes assauts professionnels les opposant dans le cadre peu idyllique d'une cour d'assises.

Paule ne trahit pas sa lignée. Lucien, son mari, rencontré à la faculté de droit, exerce le même métier. Sa fille prêtera bientôt serment avant que son frère ne la suive. Paule et Lucien font – sur le plan professionnel – chambre à part et cabinets distincts. Lucien est avocat d'affaires. Paule est devenue spécialiste du divorce. Un secteur que l'allongement du parcours sentimental né de l'augmentation de l'espérance de vie rend de plus en plus rentable. Paule s'enorgueillit d'avoir réussi des dizaines de divorces de couples ayant raté leur mariage.

L'attention qu'elle porte aux mésententes de ménages, dont elle est souvent l'amie et la confidente, pourrait lui poser un jour des problèmes déontologiques. Car, non seulement Paule verse volontiers de l'huile sur le feu des zizanies conjugales mais encore elle n'hésite pas à relancer des gens du monde dont elle a appris par la rumeur qu'ils envisageaient de se séparer. À ceux – généralement des confrères – qui lui font grief d'un zèle estimé suspect, elle rétorque qu'indépendamment des questions matérielles et sordides, elle défend presque toujours les plus faibles, c'est-à-dire les femmes. La hargne qu'elle apporte alors à transformer ses clientes en innocentes victimes d'hommes toujours grossiers, infidèles, avares et souvent violents s'apparenterait à la discrimination sexuelle si un avocat ne pouvait pas exprimer impunément dans le prétoire diffamations et contre-vérités.

Non seulement, elle met un point d'honneur à épouser les griefs d'épouses déçues ou abandonnées, mais elle leur en suggère d'autres, signifiants, auxquels elles n'avaient point songé. Paule s'identifie si fort aux malheureuses dont elle se propose d'abréger l'infortune qu'elle hait parfois plus qu'elles le mari accusé des pires forfaits. Il faut l'entendre, au lendemain de la lecture d'un jugement, clamer le montant de la pension alimentaire obtenue pour comprendre la croisade impitoyable qu'elle mène contre l'espèce honnie des maris dont l'extinction la condamnerait au chômage. Dans le cas où elle a pratiqué l'adversaire avant le procès, elle s'abstient de lui adresser la parole. Si elle ne le connaissait pas précédemment, elle le fusille du regard. Elle a pris comme un mauvais coup la simplification de la législation qui, tendant à faire s'accorder à l'amiable des gens qui, par définition, ne s'accordent plus, réduit les délais de procédure, les demandes de provisions et – surtout – la rédaction des pseudo-lettres injurieuses destinées à nourrir un dossier.

Quand on lui demande pourquoi elle vit toujours avec le même homme, Paule s'en tire avec une pirouette en rappelant que « ce sont toujours les cordonniers qui sont les plus mal chaussés ». Lucien a choisi de fermer les yeux sur ce féminisme juridique. Plusieurs fois, il a refusé ce type d'affaires pour ne pas risquer d'entrer en concurrence avec sa femme, voire de l'affronter devant un juge. Naturellement, Paule considère l'audience de conciliation comme une aimable plaisanterie. À partir du moment où l'on s'est envoyé – fût-ce une seule fois – les assiettes à la tête, il ne faut pas compter sur elle pour aider à recoller les morceaux.

Son activisme amuse les magistrats et rassure ses clientes. Ces dernières ont récemment été conviées à la réception qu'elle donnait dans les salons de la Conciergerie pour célébrer fastueusement son cinq centième divorce. Trois seulement sont venues avec un futur conjoint. Le métier se gâte.

## Olga, la masseuse perverse

Quand elle débarque chaque jour vers quatorze heures dans son cabinet des beaux quartiers, Olga endosse sa blouse blanche et prend son air revêche. Commence alors le défilé des clients – tous masculins – pour le bonheur desquels elle appliquera méticuleusement et jusqu'à la maniaquerie le slogan qui, en dix ans d'exercice, a fait sa réputation : discrétion, hygiène, personnalisation. La discrétion passe par trois petites salles d'attente permettant aux pratiques de ne jamais se croiser. L'hygiène se manifeste par une consommation importante de détergents puissants et d'accessoires prophylactiques. La personnalisation garantit que chaque cas fera l'objet d'un diagnostic réfléchi et d'un traitement particulier. Car les « amis » nantis d'Olga confient à ses mains expertes des fantasmes dont la variété éloigne tout spectre d'ennui. Quelques-uns arrivent totalement dénués d'arrière-pensée sinon de celle de ne pas en avoir qui les situe, pensent-ils, dans une élite leur assurant la considération de la charmante manipulatrice. En quoi ils se trompent car Olga les tient surtout pour des hypocrites qui n'osent aller au bout de leurs pulsions, doublés de radins qui n'acquittent que la portion congrue de ses honoraires.

Au départ, Olga était infirmière. C'est dire si elle connaît bien l'humanité souffrante. Peu à peu, elle a perçu chez les patients du sexe fort une curiosité puis une demande d'assistance émanant toujours et quel que fût le motif officiel de l'admission, de la même zone du corps qu'elle traite transcendentalement par une méthode intitulée « masturbation métaphysique ». De ses stages dans des services surchauffés lui sont restées l'habitude d'officier nue sous sa blouse et la douceur attentionnée qu'on doit à ces malades qui ne guériront jamais puisque l'envie du passage à l'acte (ou à ses simulations) les poursuit très au-delà de la limite physique.

Olga distingue aussi les « premières fois », visiteurs timides en phase exploratoire, ne sachant pas encore exactement où ils ont mis les pieds et le reste, ignorant tout du catalogue des prestations à la fois généreusement offertes et très précisément tarifées. Sur son front empreint d'une invariable sérénité qu'elle explique par le fait que rien ne peut plus la surprendre et qu'il n'existe pas sous son expertise de maux désespérés, Olga pose mentalement le voile des soignantes manuelles et la calotte des consultantes en psychologie. On lui confie pêle-mêle des histoires de famille, des organes défaillants quand il ne s'agit pas seulement d'envies de fantaisies destinées à rompre la monotonie sexuelle inséparable de l'habitude et du manque d'imagination. Comme le paysan de la fable de La Fontaine, elle s'efforce de ne laisser nul coin où la main ne passe et repasse, jouant à la demande tous les personnages de la mythologie médicale. Moyennant un supplément, et à condition de lui demander la faveur avec gentillesse en promettant de ne pas l'ébruiter, ses pratiques régulières peuvent espérer des privautés plus complètes, plus intimes et donc plus libératoires. Tous débordements auxquels Olga apporte son concours avec une dignité et un sérieux garants d'un supplément d'érotisme. À la fois manuelle et intellectuelle, ne tutoyant jamais personne, arguant volontiers d'authentiques diplômes, Olga sait à merveille entretenir la double illusion d'un privilège rarissime et d'un plaisir partagé.

À dix-neuf heures précises, elle ferme sa boutique aux voluptés garanties, baisse le rideau de ses paupières bleutées sur un monde de turpitudes, branche le répondeur et regagne à petits pas dont aucun dragueur ne saurait troubler la rêverie le bel appartement où elle vit seule avec un vieux chat que, dans sa méfiance à l'égard de tous les mâles de la Création, elle a pris la précaution de faire couper.

## NATACHA, L'ATTACHÉE DE PRESSE

En d'autres temps, on l'eût traitée de petite intrigante. Aujourd'hui, on la présente comme grande communicante. Sa réussite est notoire. Elle compte encore ses clients mais plus les journalistes qu'elle a accueillis dans son lit avant qu'ils ne lui rendent la politesse dans leurs médias. Des consœurs moins douées tirent des chèques en blanc sur des comptes d'amitiés et de sympathies qui se révèlent sans provision. Pas elle à qui personne ne peut rien refuser. Mondaine par nécessité à ses débuts, elle l'est par goût aujourd'hui, fière de se montrer en compagnie de ceux avec lesquels il faut être vue. À ce train-là, Natacha s'est hissée sur le pavois des VIP. Quand elle n'est pas invitée dans les endroits à la mode qu'elle a souvent lancés, elle tient table ouverte et réunit une fois l'an le club de ses anciens amants à Bagatelle, endroit prédestiné.

Sa compétence ne le cède en rien à son tempérament. Ayant découvert très tôt qu'on ne pouvait faire partager ses convictions qu'à la condition d'en posséder soi-même, elle épouse avec passion les marques qui lui font confiance. Quitte à afficher une totale désaffection lorsque son contrat n'est pas renouvelé. Ainsi l'a-t-on vue ne se nourrir que de yaourt, se déplacer en rollers et porter toute l'année des cirés jaunes parce qu'on lui en avait confié la promotion. À l'inverse, elle peut dire pis que pendre de produits auxquels elle reproche surtout de ne pas avoir fait appel à son entregent.

Natacha, qui s'est habituée au luxe, mène grand train et appointe un bataillon d'assistantes dont une moitié porte ses paquets et l'autre des noms célèbres. Elle laisse dire qu'elle conseille un Premier ministre sur le choix de ses cravates et que, se souvenant de son passage dans un cours d'art dramatique, elle aide d'importants P-DG à poser leur voix. Et plus si affinités. À ses « missions » en faveur de produits manufacturés, pas toujours très nobles, elle prend soin d'adjoindre des croisades artistiques plus valorisantes et qui lui permettent d'évoluer en initiée dans les milieux du théâtre et du cinéma, au point d'avoir obtenu sur un tournage dont elle assurait les relations avec la presse un fauteuil à son nom comme les têtes d'affiche du film. Se considérant comme une star parmi les stars, elle en arrive à faire de l'ombre aux vraies vedettes qui la chargent de leurs intérêts et dont elle accorde les interviews de préférence aux chroniqueurs qu'elle a persuadés de tartiner sur des talents débutants également à sa solde.

Sa conversation abonde en jugements à l'emporte-pièce glanés sur l'oreiller, en indiscrétions plus ou moins éculées, en méchancetés gratuites sur des gens qui ont cessé de l'appointer et en rumeurs nouvelles mais sans fondement qu'elle lance comme une boule de pétanque, pour le plaisir de voir jusqu'où elles rouleront. Pour fêter ses quarante ans, Natacha a invité dans un grand restaurant fermé pour un soir au public le gratin de la politique, des arts, de la littérature et des affaires. En donnant, entre deux coupes de champagne, force interviews. Le résultat ne s'est pas fait attendre : l'un de ses plus chers employeurs a mis fin à sa collaboration sous prétexte qu'une attachée de presse était payée pour faire parler de ses clients et pas d'elle-même. La consolation est venue dans le même temps sous la forme d'une invitation à rédiger, puis à publier, des Mémoires. Elle a accepté avec enthousiasme mais en faisant stipuler que l'index des noms connus qu'elle citera dans l'ouvrage pourra remplir vingt pages. Et qu'entre les patronymes, elle aura le droit de glisser quelques raisons sociales.

## VIVIANE, LA CONDUCTRICE DISTRAITE

Certes, Viviane a obtenu très régulièrement son permis et ne l'a pas trouvé, comme le suggère volontiers Lucas, son mari, dans une enveloppe gagnée à la foire. Mais sa conduite automobile laisse beaucoup à désirer. Non qu'elle bafoue les règles édictées par le code. Elle les oublie seulement. Ou elle les confond. Surtout la priorité accordée à une droite qu'elle identifie mieux en politique que sur la route. Quand il commente la stratégie automobile de sa femme, Lucas explique : « Ça passe ou ça casse. » Et ça casse souvent. En dix ans, le couple a dû changer trois fois de compagnie d'assurances et subir des malus aggravés. Viviane accuse moins le coup que les chauffards qui exercent bêtement leur priorité sans nul souci de galanterie.

Chacune de ses sorties – même brève – constitue une aventure. Il faut d'abord qu'elle retrouve son véhicule garé la veille au soir dans un endroit qu'elle a oublié. Puis, le véhicule localisé, qu'elle récupère la clef qui ouvre la portière et qui déclenche le contact. Lorsqu'elle y parvient, la vitesse, restée engagée, provoque un soubresaut qui fait sourire les passants. D'où le commentaire de Lucas : « Son moteur est plus calé qu'elle. » Viviane ne manie pourtant pas maladroitement le volant. Elle montre certaines dispositions sinon pour effectuer la marche arrière à laquelle elle s'avoue allergique du moins pour grignoter quelques places dans un embouteillage ou utiliser la minuscule bande dévolue aux cyclistes en roulant à moitié sur le trottoir. Mais le nombre de manipulations synchronisées dépasse celui de ses neurones.

Surtout sur sa nouvelle voiture, privée de boîte automatique. Trois pédales, un frein à main, trois cadrans de bord, deux clignotants, trois positions de phares et quatre commandes d'essuie-glace : c'est trop pour une seule femme. Alors, elle s'embrouille. Ou elle fait l'impasse, négociant chaque virage au dernier moment, pilant sec à chaque à-coup de la circulation. Au bout d'une heure de ce supplice, elle ne sait plus où elle va ni le chemin qu'il faut suivre. Elle n'est plus que la dompteuse apeurée d'un fauve, devenu furieux, qui n'en fait qu'à sa tête et qui la menace, ainsi que les autres fauves échappés de leurs cages en même temps que lui. À l'arrêt, elle continue à cafouiller, égarant ses clés de contact après s'être trompée de carburant à la pompe, incapable d'évacuer les miettes de la banquette et la bombe d'équitation obstruant la lunette arrière.

Viviane n'est pourtant pas de ces femmes qui regardent davantage leur maquillage dans le miroir de courtoisie que la route à travers le pare-brise. Elle se montre très attentive. Trop peut-être car, au moindre écart des véhicules qui la précèdent ou l'encadrent, elle s'évertue à imaginer une parade pas toujours nécessaire. De même, si elle est ignorante en mécanique, elle sait que son moteur gîte à l'avant du véhicule et ne s'est jamais donné le ridicule d'ouvrir le coffre arrière à un dépanneur.

Son drame est celui de millions de chauffeurs amateurs de tous les sexes : elle n'a le choix qu'entre une multiplicité d'opérations empêchant à la pensée de suivre son cours normal et des automatismes mettant en sommeil l'intelligence. Le choix entre la volupté de la vitesse promise par le constructeur et les pires sanctions imaginées par le législateur. Entre le retard ou l'accident. Entre le froissage de tôles et le saccage de l'amour-propre. Entre les engueulades des usagers de la route et les procès-verbaux des gardiens de l'ordre, tous insensibles à son sourire et à ses décolletés.

Ainsi est Viviane, martyre de distractions qui la font de moins en moins sourire et à qui seul l'engagement d'un chauffeur pourrait redonner ce goût de la conduite qu'elle éprouvait si fort dans l'innocente plénitude de ses dix-huit ans. Avant de devoir subir les remarques caustiques de son mari qui l'agacent d'autant plus que Lucas, lui, n'a jamais été capable de décrocher son permis...

## MARIA, LA FIDÈLE CAMÉRISTE

Depuis cinquante ans, on lui rappelle à chaque augmentation de salaire éludée qu'elle est de la famille. N'a-t-elle pas vu mourir les grands-parents et naître les enfants, elle qui n'en a jamais eu et que les plus petits affublent du surnom de Tatie Maria ? N'a-t-elle pas partagé tous les bons et moins bons moments de l'existence du clan qui l'emploie depuis qu'orpheline de guerre, on l'a embauchée moitié par pitié moitié par économie ? Tatie Maria en convient en penchant vers ses marmites une tête blanchie sous les harnais de la bourgeoisie. Elle reconnaît qu'après avoir préparé tous les gâteaux d'anniversaire elle a eu le droit de souffler les bougies avec les intéressés. Elle se souvient qu'à une époque où l'on ne parlait pas davantage de harcèlement sexuel que des trente-cinq heures hebdomadaires, le cousin Gérard la rejoignait après la vaisselle dans sa chambre du sixième et qu'il avait même promis de l'arracher à sa condition ancillaire avant de mourir, encastré dans un platane au volant de sa superbe auto.

Oui, Tatie Maria est de la famille. Elle l'a montré en ne lésinant pas sur sa peine et en cachant ses chagrins lorsqu'elle en avait. De son côté, la famille lui a prouvé sa reconnaissance à l'aide de petits cadeaux remis chaque 15 août, jour de la fête de sa sainte patronne et lui a témoigné son attachement en la conservant à son service après l'âge de la retraite. Peut-être aussi pour oublier que depuis un demi-siècle on avait omis de cotiser à la caisse qui lui aurait assuré une vieillesse paisible et confortable. Maria joint vers le ciel ses mains moins ridées par l'âge que par les travaux ménagers : elle ne regrette rien et, si c'était à refaire, elle donnerait encore les plus belles années de sa vie aux nantis qui l'ont adoptée, se la repassant de génération en génération comme ces vieux portraits jaunis auxquels elle a fini par ressembler.

Ses preuves de dévouement n'ont pas manqué. Surtout lorsqu'à la disparition de sa mère, elle a élevé « Monsieur Georges » en acceptant les heures supplémentaires imposées sous forme de privautés bestiales par son père devenu veuf. Le dimanche, pour aller à la messe, Maria s'habille comme « Madame Louise » qui ne manque jamais de lui donner ses vieilles robes et les bibis démodés censés aller avec. Maria sait qu'elle bénéficie d'un statut privilégié. Elle s'en vante auprès des employées de maison du quartier, syndicalisées et imprégnées de lutte des classes : elle part en vacances (sans en prendre elle-même) avec ses patrons, elle tutoie tous les moins de trente-cinq ans qu'elle a fait sauter sur ses genoux. On lui a offert un radiateur électrique l'hiver dernier pour réchauffer une chambre oubliée par le chauffage central depuis son engagement.

Elle approche de soixante-dix ans. « Madame Louise » lui a dit en plaisantant que le jour où elle ne serait plus en état de servir à table, de passer l'aspirateur et de repasser le linge, on la chargerait de couver les œufs comme les vieux Chinois. Une petite jeunette, recrutée à l'ANPE, l'aide déjà deux heures par jour. Maria lui reproche d'avoir mauvais esprit car elle vote ostensiblement pour Lutte ouvrière. Et de se moquer d'elle lorsqu'elle lui montre fièrement les faire-part de décès où son nom est imprimé en lettres grasses à la dernière ligne, précédé du qualificatif de fidèle.

Si elle osait, Maria demanderait, même pour plus tard, à « Madame Louise » une place dans le caveau de famille où elle pourrait continuer à surveiller son petit monde...

## Maud, la féministe

Elle ne déteste pas les hommes. Elle les hait. Moins pour le mal qu'ils lui font que pour les cruautés qu'ils ont fait endurer à ses infortunées sœurs depuis des millénaires. Pour Maud, tous les hommes sont à abattre. Même les siens qu'elle tolère dans son lit mais qu'elle évacue de sa tête et qui doivent militer à ses côtés en faveur des parités politique, sociale, professionnelle et sexuelle. Aussi est-elle de tous les combats égalitaires. Pas un jour sans qu'elle défile pour manifester sa solidarité aux femmes battues alors que jamais, au grand jamais, nul mâle ne s'est permis de lever la main sur sa robuste personne, sans qu'elle signe une pétition anti-machos, sans qu'elle s'insurge contre des salaires toujours inférieurs à compétences identiques. Quand elle rentre le soir, énervée par les contradictions, enivrée par l'encens des grands messes protestataires, le compagnon du moment a intérêt à filer doux. Ne représente-t-il pas morphologiquement sinon caractériellement l'ennemi héréditaire ?

Le matin, Maud, qui vit des maigres émoluments versés par l'association qu'elle préside, prend connaissance d'un courrier principalement alimenté par les déboires conjugaux, et lit à haute voix les passages les plus révoltants afin de donner mauvaise conscience à l'homme qui s'affaire à la cuisine. D'autres sinistrées de la vie de couple la relancent sur son portable auxquelles elle conseille non plus la patience, comme elle le faisait voilà quelques années, mais de porter plainte voire, quand le tortionnaire est du genre malingre, de rendre coup pour coup.

Maud n'a rien d'une mégère. Elle est jolie, elle s'habille bien et conserve le souci de se mettre en valeur comme si elle avait à cœur de prouver qu'on peut être à la fois féministe et féminine. Cette bonne présentation l'aide dans la médiatisation de ses idées. On l'invite volontiers à la télévision car si ses propos sont culpabilisants à entendre, son image est agréable à regarder. Et puis elle est imprévisible. Il lui est arrivé plusieurs fois de vamper des contradicteurs au point de les persuader qu'elle était sensible à leur charme viril avant de les traiter publiquement en direct d'obsédés sexuels incapables de considérer la femme autrement que comme le dépotoir de leurs plus bas instincts. Aux débats, elle apporte sa fougue, son tonus, son agressivité mais aussi sa connaissance des dossiers sur le clonage et la procréation assistée ainsi que les références philosophiques qu'elle s'est peu à peu constituées et qui lui permettent d'appeler à la rescousse Olympe de Gouges, George Sand ou Simone de Beauvoir lorsque ses arguments personnels sont émoussés.

Maud écrit également. Pas mal. Au fil de ses articles, elle sait lancer à point nommé la flèche assassine, inventer la formule dont les journalistes feront, durant une semaine, leurs choux gras et forcer le trait dès lors qu'il s'agit de ridiculiser les hommes, ces fauves malfaisants. Tous les deux ans, elle publie un livre où elle mêle témoignages signifiants et réflexions vengeresses. Le dernier s'est moins bien vendu que celui d'Élisabeth Badinter, l'un des phares de l'éternel féminin qui se refusait à poursuivre la stérile guéguerre entre les deux principaux sexes quelques semaines avant la brutale disparition de Marie Trintignant. C'est dire si Maud enrage doublement. D'autant qu'elle doit se retenir de river son clou à la médiatrice, cataloguée comme une intellectuelle de haut niveau et mariée à un homme remarquable, tous deux épris de vérité, de liberté et insoupçonnables de la moindre compromission.

Épanouie dans une lutte dont elle ne doute pas qu'elle finira par faire triompher le droit des femmes, Maud vit un petit drame familial. Penthésilée, sa fille unique, trahit à la fois sa mère et son prénom en menant l'existence la plus popote qui soit. Épouse soumise de Stanislas, une grande gueule, à l'occasion porte-parole des machos, elle ne vit que pour lui, les enfants qu'il lui a faits et un foyer sans histoire. Maud redoute que cette fausse note ne devienne un jour publique et qu'à l'occasion d'un débat contradictoire, elle ne voie surgir la silhouette massive et honnie de Stanislas lui assènant la formule dont il la gratifie en privé chaque fois qu'elle fait taire son orgueil pour ne plus se souvenir qu'elle est mère et grand-mère :

— Vous déraillez, belle-maman !

## Sabine, la voyante

Pour la consoler d'une myopie héréditaire (« C'est tout ce que m'ont laissé mes pauvres parents avec leurs rhumatismes »), la nature a offert à Sabine un don qui lui permet de voir plus loin que les êtres actuels et le moment présent. À quatre ans, elle retrouvait déjà des bijoux égarés ou un billet de banque caché sous une pile de linge. À l'école communale, elle devinait les questions que la maîtresse allait poser. Au lycée, elle disait « la bonne aventure » à des condisciples fascinées. Certes, elle ne vit pas venir ses échecs répétés aux examens ainsi que l'impossibilité de trouver un emploi qui s'ensuivît. Et pas davantage le ratage d'un premier mariage, si catastrophique qu'il devait être le dernier. Normal puisque ses capacités de se projeter dans l'avenir ne peuvent s'exercer qu'au bénéfice des autres. Un altruisme vite rémunérateur, exercé dans le cadre volontairement fantastique d'un cabinet de consultations, d'abord jouxtant sa chambre à coucher, ensuite installé en ville avec salon d'attente organisé autour d'une table basse supportant les magazines du mois.

Sabine trône, hiératique et mystérieuse, nimbée de vapeurs d'encens, sur un fauteuil baroque, don d'un antiquaire qu'elle avait prévenu d'une possible infortune conjugale, vérifiée un peu plus tard. Pas de chouette empaillée ni de chat endormi. Sabine, considérant qu'elle exerce une profession libérale, se doit d'opérer dans le décorum austère des grands médecins. Comme eux – mais sans en avoir l'air – elle interroge ses « patients » sur leurs douleurs, leurs angoisses, leurs espoirs. Quitte à les leur resservir, avec un admirable aplomb, une demi-heure plus tard lorsqu'ils ont oublié leurs confidences. Mais ce ne sont là que préambule, contexte, mise en condition. Vient ensuite une authentique valeur ajoutée sous forme de flashs et de transes. Les flashs la bombardent d'images, pas toujours compréhensibles sur l'instant ; les transes la mettent dans un état second, le corps tremblant et la salive aux lèvres. Elle bouscule alors les fétiches de son bureau, l'ordre chronologique, la morale judéo-chrétienne, la logique et les convenances. Quand elle manque d'imagination ou qu'un trop grand nombre de visiteurs l'a fatiguée, elle fait appel à des « supports » traditionnels comme un jeu de tarot ou des taches d'encre. À moins qu'elle ne recoure à une technique qu'elle a inventée et baptisée dominomancie où le double six tient le rôle de la dame de pique. Les clients repartent d'autant plus heureux qu'elle s'interdit toute prévision de décès, de rupture et de ruine. Chaque consultant se voit donc offrir qui un nouvel amour, qui une augmentation de salaire, qui une amélioration de sa santé. Avec un effet placebo garanti. L'amoureux transi reprend confiance en lui et persuade enfin sa belle de céder à ses avances ; l'employé redouble tellement de zèle que le patron améliore sa rémunération et l'égrotant recommence à frétiller. Les organes suivent, apaisés d'être soutenus.

Hélas ! Le succès fut fatal à Sabine. De plus en plus de clients se pressaient d'abord dans son salon puis devant sa porte, assis sur les marches de l'escalier. Elle augmenta ses tarifs sans dissuader aucune pratique. Les autres voyantes s'émurent de cette concurrence triomphante et d'un train de vie luxueux qui avait culminé avec l'achat d'une berline et l'engagement d'un chauffeur. Une dénonciation parvint à l'administration fiscale qui dénonça un forfait devenu dérisoire et effectua un rappel sur trois années. Sabine marqua une telle surprise en recevant l'inspecteur des impôts que celui-ci, assortissant son rapport d'une appréciation dubitative, calligraphia après la mention profession : « Se prétend voyante. »

# Cerise, la débordée

Déjà au lycée, elle faisait ses devoirs de français en classe de mathématiques et révisait l'histoire durant les cours de chimie. L'âge a confirmé son goût pour le mélange des genres, amplifié son inexactitude chronique et aggravé sa désorganisation structurelle. Toujours en panne de main-d'œuvre domestique (les bons s'en vont d'eux-mêmes et elle congédie les mauvais), en charge de trois enfants du même lit mais de pères différents et de trois autres fabriqués avant de la connaître par son actuel époux, Cerise s'efforce de mener de front ses responsabilités familiales, ses taches ménagères, sa carrière au barreau, une existence mondaine et une vie amoureuse.

Bien qu'elle soit rien moins que sculpturale (quel artiste se donnerait-il la peine d'immortaliser dans la pierre ou le bronze des formes aussi communes ?), Cerise fascine tous ceux que son hyperactivité laisse sur le bord de la route. Dormant peu, travaillant vite, capable de tenir plusieurs conversations à la fois, Cerise est aussi débordée qu'un fleuve dont les rives et les digues se seraient effondrées. Tantôt elle oublie de mettre ou d'enlever sa robe d'avocate, tantôt elle ne sait plus où elle a laissé ses enfants et rangé ses bijoux. Du coup, elle remet à plus tard ce qui exigerait des soins immédiats, confond les interlocuteurs et consacre à annuler au dernier moment ses rendez-vous pas loin du temps qu'elle aurait passé à les honorer. Gérard, son mari, qui s'interdit de se présenter comme le second de la liste car, dit-il souriant, il y en aura bientôt un troisième, a renoncé, depuis plusieurs années, à faire équipe avec un courant d'air et s'est institué l'unique gardien d'un foyer qu'il approvisionne en bûches avant d'aller constater, une fois de plus, que le réfrigérateur sonne le creux.

Prétendant qu'elle trouve l'équilibre dans le surmenage, Cerise ne voit rien – ou feint de ne rien voir – des désagréments qu'elle cause aux siens et de la marginalisation de ses rapports affectifs. Les tentatives de planification de sa vie sexuelle (« Je passe tous les lundis soir en tête à tête avec Gérard ») ont lamentablement échoué. Soit parce que, harassée, elle s'endormait avant le début du déduit, soit parce le projet annoncé trop à l'avance annihilait toute envie de galipettes chez les deux partenaires. À trente-cinq ans, et possédant sur le papier tous les ingrédients nécessaires au bonheur de plusieurs femmes, Cerise désespère « d'avoir enfin un instant à elle ». À l'entendre, son altruisme, qui la propulse sur tous les fronts, est le grand responsable de son indisponibilité permanente. En fait, et bien que de plus en plus consciente des dangers qu'elle court et des contraintes qu'elle impose, Cerise sait aussi qu'elle ne s'arrêtera jamais. Prisonnière à la fois d'un personnage, d'une légende et d'un rythme qu'elle confond avec un sport, elle aurait peur de ne plus exister si elle modérait son allure. Sans doute appréhende-t-elle d'avoir le loisir d'entendre les reproches que son entourage essaie depuis si longtemps d'articuler. Son mari sera parti, ses enfants seront mariés avant qu'elle se soit résolue à considérer l'évidence selon laquelle on n'a qu'une vie et que les journées ne comptent que vingt-quatre heures.

*Cerise, la débordée*

L'autre jour, entre une plaidoirie pour un escroc de haute volée, une réunion de parents d'élèves et une assemblée de copropriétaires, elle a trouvé le courage et la lucidité de répondre à une amie qui lui demandait de ses nouvelles en usant d'une troisième personne, indiquant moins la haute estime qu'elle se porte que la lucidité dont elle se gratifiait enfin :

— Cerise est en pleine déconfiture...

## CATHY, LA VIEILLE ÉPOUSE

Elle ne sait plus si elle est la femme, la fille, la sœur ou la mère de celui qu'elle a épousé voilà tant d'années. La femme car elle porte son nom au point d'avoir oublié son patronyme de jeune fille. La fille car une décennie de différence d'âge et la disparition précoce de son géniteur l'ont incitée dès le début de leur union à voir un père en son mari. La sœur car corps à part, lit à part, chambre à part ont complètement désexualisé leurs liens. La mère car son compagnon vieillissant et retombant en enfance attend d'elle un dévouement maternel. Parfois elle renâcle à tenir ces rôles que ne prévoient pas les articles du Code civil lus gravement par le maire le jour solennel de l'échange des consentements. Mais le plus souvent elle donne ce qu'on attend d'elle : des cachets ; des sirops ; une main en forme de compresse qu'elle passe sur un front qui montre de plus en plus de rides et qui abrite de moins en moins d'idées ; un peu de tendresse-habitude ; quelques noms propres que la mémoire masculine a égarés et surtout de l'indulgence. Beaucoup d'indulgence. Elle n'ose mesurer celle qu'il lui a fallu déployer pour sauver un mariage vingt fois menacé par les humeurs, par les passades et – plus grave – par les passions. Très tôt elle a su qu'amour ne rimait plus avec toujours et que les grands sentiments disparaissaient en même temps que les dents et les cheveux. Elle a fermé les yeux sur les affronts, elle a chassé de son esprit les fugues pour ne prendre en compte que les retours au foyer, confortée dans la conviction que sa patience était bonne conseillère par les confidences d'amies divorcées ayant en même temps recouvré la liberté et éprouvé la solitude.

Les enfants, les petits-enfants, les maisons ont peu à peu cimenté leur désunion à perpète comme elle dit quand elle ne rabâche pas ses souvenirs d'un voyage de noces qui, faute de moyens, ne lui avait pas permis de dépasser Fontainebleau. L'aisance est venue plus tard qui leur a permis d'élever trois enfants et d'acquérir des demeures assez vastes pour disposer chacun d'une salle de bains. Durant leurs fiançailles, ils avaient déjà – sauf leur goût l'un pour l'autre – des centres d'intérêts différents. Ensuite ils n'ont plus eu les mêmes relations, les mêmes lectures, les mêmes distractions. N'ayant rien à se dire, ils se sont peu disputés. Quand ils ont célébré – discrètement – leurs noces d'or, des observateurs superficiels ont parlé de couple modèle. Peut-être y a-t-il du vrai dans cette appréciation. N'ont-ils pas affronté plutôt victorieusement toutes les séquelles de l'augmentation de l'espérance de vie ? N'ont-ils pas passé outre à la jalousie, à l'amour-propre plus fort que l'amour, au qu'en dira-t-on ? N'ont-ils pas fondé une famille dont, avec un petit supplément de santé, ils verront naître la quatrième génération ? N'ont-ils pas davantage aimé leur descendance au fur et à mesure qu'ils s'aimaient moins ?

Il n'oublie jamais son anniversaire. Elle tâche d'oublier ses frasques. La nature l'a vengée qui la laisse ingambe alors qu'il ne marche plus qu'à petits pas. L'âge a eu raison de sa vigueur, de son tempérament et de cette séduction pratiquée au-delà de la limite raisonnable, comme un sport. Sainte et martyre, elle n'exclut pas de lui prodiguer un jour les soins qu'on accorde aux nourrissons. Quand il sera paralysé, elle posera doucement sa main sur la sienne, comme au bon vieux temps. Sans doute à sa disparition versera-t-elle un pleur sur des illusions définitivement enterrées.

# PANDORA, LA FEMME IDÉALE

Elle est belle, douce et intelligente. Elle excelle dans l'amour, dans les arts plastiques et dans la conversation. Elle possède, en prose ou en vers, un joli brin de plume et elle se montre aussi à l'aise aux fourneaux qu'au piano. Non seulement, elle sait tout faire et le fait bien mais elle ne s'en vante jamais, se contentant, à chaque compliment, de repeindre en rose les pommettes qu'elle a haut placées. Sa modestie n'est pas feinte qui l'incite à cacher ses diplômes, à minimiser jusqu'à la mauvaise foi les ravages de son charme et à soutenir mordicus que le regard des hommes traverse sans s'arrêter son aimable transparence.

Pandora, qui n'ignore pas qu'on la cite partout en exemple, se donne beaucoup de mal pour que sa perfection ne peine personne. Ainsi, de temps à autre, attribue-t-elle volontairement à Schopenhauer ce qu'elle sait revenir à Heidegger ou feint-elle de confondre *César Birotteau* et *Au bonheur des dames* lorsqu'on disserte de littérature d'entreprise. Son humble virtuosité lui permet sinon de rater parfois un plat, du moins de ne pas le réussir autant qu'elle en est capable.

De la même façon, elle déguise ses actions humanitaires pour le tiers-monde en voyages d'agrément et parvient à garder secrets ses brancardages à Lourdes. Elle s'habille divinement sans recourir à des griffes célèbres, se maquille peu et arbore pour tout bijou l'alliance en brillants d'une mère trop tôt disparue.

On chercherait en vain dans ses actes la faute de goût et dans ses propos la plus mince tentative de singularité. Elle ne fréquente aucune célébrité. Elle préfère payer sa place au spectacle plutôt que de bénéficier d'invitations. Quand elle se laisse enfin aller à quelques confidences, il ne s'agit que de souvenirs d'enfance un peu niais. À trente ans, on ne lui connaît pas plus d'amant que de mari. Elle affirme toutefois, si l'on insiste, qu'elle pense de plus en plus à fonder une famille. À condition qu'hésitant entre le voile et la voile, elle n'entre pas dans les ordres ou n'entreprenne pas une traversée transatlantique en solitaire. Tant d'agréments réunis en une seule personne surprennent puis intriguent. Comment expliquer qu'elle ne possède aucune des faiblesses décrites dans cette galerie de portraits ? On cherche la faille, le défaut, le vice, la tare. En vain. Les mauvaises langues qui désarment difficilement en sont réduites à évoquer sa dilection, jugée démesurée, pour le chocolat. Signe, paraît-il, d'une certaine insatisfaction sexuelle.

J'imagine que le secret de Pandora réside moins dans les qualités dont l'a dotée la nature que dans la discrétion qu'elle leur offre en guise d'écrin. De si nombreux talents contemporains se trouvent gâchés par leur étalage qu'il faut la saluer bien bas de traverser d'un pas aussi léger une société de vantards et de m'as-tu-vu. Elle est à la fois la Beauté, l'Esprit ainsi que la double Élégance des sentiments et du style. Dommage qu'elle soit inaccessible. Si elle existe, Pandora doit se réfugier, chaque nuit, dans les bras doux et puissants de l'homme invisible en compagnie duquel elle vit dans la plus belle maison d'un pays idéal oublié par les catastrophes, épargné par les intempéries. Pandora, inhumaine à force d'être parfaite.

## TABLE DES CHAPITRES

CET OUVRAGE A ÉTÉ COMPOSÉ
PAR NORD COMPO (VILLENEUVE-D'ASCQ)
ET ACHEVÉ D'IMPRIMER SUR ROTO-PAGE
PAR L'IMPRIMERIE FLOCH À MAYENNE
EN MARS 2004

N° d'éd. FF817201. N° d'impr. 59618.
D.L. : mars 2004.
*(Imprimé en France)*